会社で働きながら6カ月で起業する

1万人を教えてわかった成功の黄金ルール

新井 一

ダイヤモンド社

はじめに　知、人、金が揃えば、誰でも起業できる

副業や起業に関心を持つ人が増えています。

その背景には、昨今の社会の閉塞感があるのではないかと感じています。私のまわりには、身体《からだ》を壊してまで働き続ける人や、メンタルがやられて休職している人がたくさんいます。また、「働き方改革」の名のもとに残業規制は進みましたが、空いた時間にやることが見つからずに呆然《ぼうぜん》としている人、残業代がなくなり収入が下がってしまった人、家に仕事を持ち帰っている人なども見かけるようになり、いままで以上に、「幸せな働き方」について考えさせられるようになりました。

朝、街を眺めてみると、会社に急ぐサラリーマンで溢《あふ》れています。ぎゅうぎゅう詰めの満員電車に乗って、始業時間10分前には席に着き、夜まで気張って働く毎日を過ごしている方も多いことでしょう。

私には、「そんな毎日から抜け出して、ほんの少しでいいから、心にゆとりのある、小

さな幸せを手にしたい」と願う人々が、年々増えているように見えるのです。

今後も予想される社会保険の負担増や増税などを考えれば、正規・非正規雇用を問わず、サラリーマンの懐事情は決して楽観視できません。「夫婦揃って65歳から30年間生きると、2000万円足りなくなる」などと聞けば、将来に不安を抱く人も少なくないはずです。

そのような背景もあり、いま、多くの人が注目するのが「起業」という選択肢です。

お金の不安はもちろん、時間や意思決定の自由がないことを打ち破ろうとする人が増え続けており、「自分のやりたいことで自立したい」という大勢の人が、私に会いに来てくださるようになりました。

とはいえ、いくら会社員としての経験が長くても、起業をしたことがない人が大半です。初めてやることですから、わからないことだらけでしょう。そうなれば、起業はやはりハードルが高いものといわざるをえません。

たとえば、個人事業の実態を表すためによく引用される2002年の中小企業白書によると、個人事業主の廃業率は開業後1年目で37・7％、3年目で62・4％に到達します。開業10年後には88・4％にも上ります。約9割の人が、起業（独立）をしても廃業に追い込

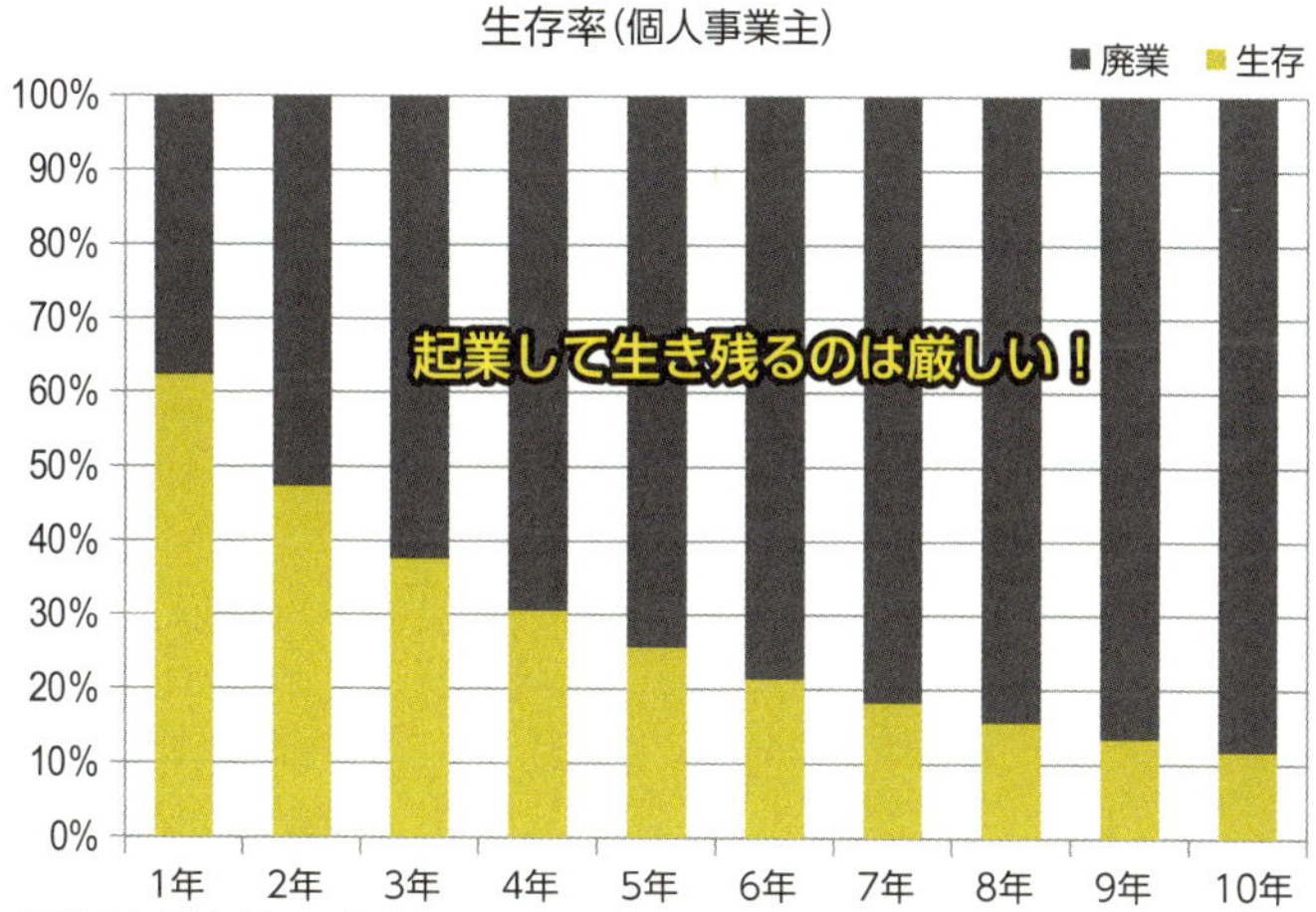

（資料）中小企業白書（2002年）

まれてしまうのです。

そこで私がお勧めしているのが、「会社員のまま起業準備を始める」という方法です。つまり、副業からやってみて、うまくいったら起業に切り替えるわけです。

２０１８年に厚生労働省が「副業・兼業の促進に関するガイドライン」をまとめ、「モデル就業規則」から副業禁止の規定が削除されたことをきっかけとして、一部の大企業が社員の副業・兼業を認め始めました。その副業解禁ブームは現在も続いており、副業で得られる経験を本業の仕事に活かす人が増える一方で、私のまわりでは、副業で始めた事業を軌道に乗せて独立する人が続々と現れています。

リスクを取って夢を追いかけるという言葉にはロマンがありますし、起業とはそういうものだとおっしゃる先輩経営者も多いのですが、やはり、4割に迫る1年後の廃業率などの現実を突きつけられると、それを回避する方法があるのなら、それを試したいと考えるのが私たち人間でしょう。

実際、会社員のまま副業からスタートすれば、あれこれ試行錯誤ができるので、独立後に短期間で廃業に追い込まれるリスクを小さく抑えることができます。貯金を失い、会社員にも戻れなくなってしまうといった最悪の事態を避けるためにも、まずは会社員であることを維持しながら、一歩踏み出すことをお勧めしたいのです。

では、どのようにすれば、それを実現できるのでしょうか？

会社に勤めながら、自分のやりたいこと、好きなことをして、起業準備を進める方法などあるのでしょうか？

答えは、「あります」です。ただし、何でも適当に、手当たり次第やればいいというわけではありません。

私はこれまで1万人以上の会社員に、「会社を辞めずに始める起業準備」についてアドバイスをしてきましたが、その活動の中で気づいたことがあります。

それは、ビジネスを立ち上げ、順調に軌道に乗せていく人には、**3種のチカラ**がバランスよく備わっており、すぐに廃業に追い込まれてしまう人や、なかなか独立まで至らない人は、この3種のチカラのバランスが崩れている、ということです。

その3種のチカラとは、**「知」「人」「金」**のことです。

「知」は、私たちを前進させるチカラです。経験に基づいたさまざまな知恵や知識があれば、私たちはたくさんのことを成し遂げることができます。新しいビジネスアイデアも生まれるでしょうし、トラブルを予防したり、問題にスムーズに対応できたり、行動に多くの選択肢を持つことができます。商品の知識、マーケティングの知識、リスク対策の知識、関連する法律の知識、会計・税金の知識など、起業するときにはたくさんの「知」が必要になります。

「人」は、私たちを支え、引き上げてくれるチカラです。本音をいえる昔からの友人、同僚、家族、取引先、お客様、起業の相談ができる仲間など、起業をするときにはたくさんの人とのつながりが生まれ、協力と理解を得ながら進めていくことになります。

「金」は、「知」を得るためにも、「人」との関わりを育むためにも必要となるチカラです。そして、そのほかのあらゆる活動や安心を支えてくれるチカラであり、夢への挑戦チケットともなる存在です。生活資金、事業を構築するための投資資金、起業をしてからの運転資金など、起業を目指せばさまざまな「金」について考えることになります。

本書では、起業について初めて関心を持った方に向けて、「会社員として働きながら6カ月で起業する方法」を4つのステージに分け、それぞれ「知」「人」「金」のチカラという視点で解説しています。

行動しない人ほど求めがちな「小手先のノウハウ」や、頭でっかちな人ほど気にする「自分に合わない（どうせやらない）ハウツー」ではありません。もちろん、自己啓発でもありません。

起業をしたい皆さんがやらなくてはならない「**最低限の実務**」、そして、実はその段階で一番大切になる「感情のコントロール方法」や「物事の考え方」なども含めて、まず何をすればよいのか、次に進むには何が必要なのかといった〝起業までの地図〟を本書でご提供します。

「こんな情報はネットにもある」といってしまえばそれまでですが、情報があっても、半年たって起業できていないのなら、何か足りないものがあるのかもしれません。ぜひ一度、最後まで読んでみてください。

本書の内容を「実行」することで、起業に必要な3つのチカラが身につき、さまざまなビジネスの立ち上げに対応できるようになることでしょう。

それでは、夢を実現するためのレッスンを、さっそくスタートしましょう！

今日もあなたらしく、笑顔で。

新井　一

会社で働きながら6カ月で起業する　目次

第1章 会社員のまま180日で起業できる！

第2章

1カ月目 起業マインド・トレーニング

25点の「知」のチカラを手に入れる

第3章

2カ月までにやる売るものを決める
――アイデア出し&商品づくり

第4章

4カ月までにやるマーケティング力を鍛える

第5章

6カ月までにやる 販売力と信用力を高める

第1章

会社員のまま180日で起業できる!

完璧主義は起業準備の最大の敵

起業するためには、「知」「人」「金」の3種のチカラをバランスよく育てることが必要です。私はこれまで1万人を超える会社員の皆さんに起業のアドバイスをしながら、たくさんの事例を見てきました。超有名企業のエース級社員として活躍するような優秀な人でありながら、起業ではさっぱり成果が出せない人がいたりする一方で、「会社ではダメ社員と呼ばれています」といっていた若者が、あっという間に成功してしまったりします。なぜそうなったのだろうかと考えてみると、やはり、「知」「人」「金」のバランスなのです。

この3種のチカラは、どれかが突出していればよいというものではなく、自分のいるステージに応じた大きさ（強さ）と、3つのバランスが大切なのです。

では、それぞれのチカラについて、ここで簡単に触れておきましょう。

まずは「知」のチカラ。これは経験に基づいた知恵や知識のことです（※資格取得などのために勉強しただけの知識のことではありません）。

起業に必要な知識は、完璧を目指せば無限といっていいほどありますが、**最低限欲しいものは3つだけ**です。

ひとつは、これから取り組む**ビジネスについての専門知識**です。

そういうと、とたんに「自分には専門知識はない」と不安を感じる人がいます。ですが、そんなに難しく考える必要はありません。完璧主義は、起業準備の最大の敵のひとつです。もっと気楽に考えてください。学者や研究者になるわけではありませんし、実際にビジネスを始めれば、現場で必要な知識はどんどん身についていきます。いわば、お客様に鍛えられていくのです。

起業のネタを決める際に、自分の好きなことや得意なことを軸に考えるのなら、関連書籍を数冊読み込んでおけば最初の知識としては十分です。起業に対する不安から、インプットに力を注ぎすぎて、学校に通い出したり、資格取得に走ったりする人を多く見かけますが、それは**順番が逆**です。

本業の仕事でも同じだと思いますが、いつまでもマニュアルを読んでいて、仕事を覚えられるでしょうか。実際にやってみて、わからないことがあったら調べたり、先輩に聞いたりして、一歩ずつ成長してきたのではないでしょうか。起業にもまったく同じことがいえます。

たとえば、起業のネタとして「カウンセリングルームの立ち上げ」を目指したとします。そのとき、学校でカウンセリング技術を学んだだけで大丈夫でしょうか。カウンセリング事業を立ち上げることと、カウンセラーになることはイコールではありません。とりあえず本などから（100点満点として）20点程度の専門知識を習得したら、次に必要な知識の習得に移らなければなりません。

「まずは全体を学ぼう」と考えていると、いつまでたっても起業はできません。そのような考えになった場合、弱気な自分が「いますぐやらないで済む都合のよい理由」や「起業しないで済む言い訳」を見つけてしまったのです。「まずやってみよう！　何とかなるさ！」と何度も声に出して、すぐに軌道修正してください。

お客様に知ってもらうことが大事

20点の専門知識の次に必要な「知」は、**顧客獲得のための知識**です。

いくらカウンセリングが上手になっても、売上が立たなければ、ただの趣味。厳しくいえば、ママゴトのようなものです。起業するためには、お客様を獲得する仕組みや情報発信の方法を知り、これを実践しなければなりません。

顧客獲得のための知識にはいろいろなものがありますが、主に、関心を惹《ひ》きつけるための**「キャッチコピー」**、自分や商品を広く知ってもらうための**「ライティング」**や**「SN**

S の育成・活用法」などが挙げられます。

せっかく素晴らしいスキルや商品を持っていても、お客様に情報が届かなければ、それはビジネスになりません。起業できずに終わってしまう人の典型例として、専門知識の習得に力を注ぎすぎたり、最高のサービスをつくることにこだわりすぎたりして、「これだけ頑張ったのだから、きっとお客さんが来るはずだ」などと勘違いしてしまうことがあります。また、恥ずかしさや会社に知られるリスクを気にしすぎて、情報発信を躊躇《ちゅうちょ》した結果、**「誰もあなたのことなど知らない」という現実を突破できずに終わってしまう**ことも、この世界ではよくある話なのです。

ビジネスを成長させるためには、何はともあれ、売上が必要です。売上を生み出すための仕組みのつくり方を知ることは何よりも重要だといえます。

数字の管理ができないと、自分の首を絞めることになる

最後に必要な最低限の「知」は、**経営のための知識**です。

経営というと大袈裟ですが、これは主にビジネス上の数字とリスクの管理、そこから決定される方針や目標の管理、そして日々のモチベーションや自己管理など**「いろいろなも**

のを管理するための知識」といってもいいでしょう。

私たちが目指すものはビジネスの成功ですから、最終的にお金を手元に残すことが大切です。それには、売上やそれをつくり出すためにかけた経費の管理が必要になってきます。もちろん、税金を払うためにも、帳簿作成は欠かせない作業になります。

会社員をしていると、職種にもよりますが、数字の管理に慣れていないこともあるでしょう。ですが、いわゆる「どんぶり勘定」では、利益が出ているのかどうかもわからなくなってしまいます。たとえば、広告宣伝にいくらまでなら先行投資しても大丈夫なのかといった次の一手のための予算を立てることもできません。いい加減にやっていると、ビジネスの継続に関わる重大な失態を招きかねません。それほど、数字の管理は大切な業務といえます。

商品をつくってから数カ月もすると、少しずつ販売することができるようになります。そこから成長できない人ほど、数字の管理をしていません。よくあるパターンとしては、それまでの起業準備に充ててきた費用を「損」と表現し、感覚的に「これまで10万円くらい損したからなぁ」と考えてしまい、「これ以上1円も損をしたくない」という思考に陥ってしまう人がいます。こうなってしまうと、成長のための次の投資について考えることができません。よほどラッキーでない限り、そこで終わりです。

一方で、数字を管理できる人は、「これまでの出費を回収するためには、今後○年で○○個、○○○○円で売れればいい。そのためにはこの先、月間○○人の見込み客を体験会に招待し、そのうちの○％に当たる○○人に買ってもらえばいい。割引は○○○円までなら検討できる」など、ある程度、正確な目標を立てることができます。顧客1人を獲得するのに掛けられる費用を計算した上で、広告宣伝費の枠を決定するなど、次の成長に向けて進むことができるようになります。

また、極端な例かもしれませんが、入ってきた売上と自分のプライベートなお金を混同してしまい、海外旅行などの遊びに使ってしまう人がいます。確かに、個人事業の場合には、売上でもらったお金も自分のお金も区別がありませんが、売上として得たお金から支払いをしなければならないこともあるでしょうし、前述のように、次の投資もしなければ事業は成長しません。そしてもちろん、残った利益からは税金を支払わなくてはいけません。**数字をきちんと管理しておかないと、あとで困ってしまうのは自分**なのです。

こんなことを書くと、「数字に弱いから無理かもしれない……」と心配してしまう方もいるかもしれません。ですが、これらは、まだまだ先のステージでのお話です。いまの段階では、とりあえず使ったお金をノートやエクセルなどに記録しておく、領収書をもらっておく、そんなことから始めれば十分ですので、安心してください。

人に頼るのは悪いことではない

次のチカラは、「人」です。起業準備を進めるにも、その後に独立して仕事をしていくにも、「人」のチカラはとても重要です。「はじめに」にも書いていますが、「人」は、私たちを支え、引き上げてくれる存在です。「人」が欠けてしまうと、ずっと同じステージでくすぶり続けてしまうことにもなりかねません。

会社を辞めることもなく小さく始めたビジネスだとしても、実際に始めてみると、たくさんの悩みごとが出てくるものです。たとえば、売上が全然伸びない状態が続くと、気持ちがとっても下がってしまいます。何が悪いのか、どうすればよいのかがわからなくなります。時には、自分は世の中に求められていないのではないか、ずっと成功できないのではないかと不安になり、マイナス思考に陥ってしまうことすらあります。SNSを見れば、みんなが幸せそうに、うまくいっているように見えてきます。

そんなとき、**話を聞いてくれる人**（友人や同じく起業を目指す仲間など）や、**自分を受け止めてくれる人**（家族や恋人など）、**応援してくれる人**（取引先や先輩経営者など）がいたら、どれだけ心強く、気持ちが楽になることでしょう。

無責任な評論家に相談しても仕方ありませんが、つらいときに人を頼ることは決して悪いことではありません。信頼できる人に話を聞いてもらうだけでも冷静さを取り戻すことができるので、足元を見られたり、最悪の場合には騙されてしまったりするようなリスクを回避することにもつながります。

この「人」のチカラについては、ふたつほど注意点があります。

それは、**「仲良し友達同士で起業する場合、その友人関係が終わってもかまわないという覚悟でやる必要がある」**ということです。船頭が2人いる組織はとても不安定です。最初は「毎回相談して決めればいい」と思っていても、実際に「お金は出せ、でも口は出すな」といわれる立場になった場合に、自ら引き下がれるのかどうか。目指すゴールや意識の差、意思決定のスピードの遅さなどの影響も含めて、しっかり考えておく必要があります。

また、「家族が理解してくれないため、起業はあきらめます」とおっしゃる方も、一定の割合で現れます。**ご家族の理解や協力なしに起業の準備を進めることは非常に困難**です。

家族が不安に思う理由は、主にお金（安定収入）を失うかもしれないという心配でしょう。ご家族の気持ちとしっかりと向き合い、会社員のまま起業の準備を進める意味を十分に説明し、家族への責任を果たすためにあらゆる努力を惜しまず実行していきましょう。

起業準備で必要な3種類のお金

最後のチカラは、「金」についてです。お金は、「知」を得るためや「人」と関わるためだけでなく、そのほかのあらゆる活動をする際に必要になります。まったくお金をかけずに起業できるといったニュアンスの本や広告をよく見かけますが、それはあくまでも目を引くためのキャッチコピーです。移動には電車賃がかかりますし、打ち合わせをすればコーヒー代がかかり、ノートやペンも必要になります。

起業準備で必要になるお金は3種類あります。

ひとつは、独立後に家族のために使う**「生活のための資金」**。理想としては、1年間、無収入でも家賃や学費の心配がなく食べていける程度の貯金を準備します。

ふたつ目は、事業を構築するために使う**「投資資金」**です。パソコンなどの設備を買ったり、ホームページを制作したり、備品を買ったりと、実際にはさまざまな出費がありま す。

最後に忘れがちな**「ビジネス構築後の運転資金」**です。ビジネスをつくっただけでは動き出しません。そこに燃料を入れる必要があります。広告を打つならば広告宣伝費、誰かに手伝ってもらうならば人件費、何かを転売するのなら仕入れ資金が必要です。

このように、起業を目指す際には、さまざまな「金」について考えることになります。たまに、起業を準備している人の中に、「(初期)投資資金」と「運転資金」について「とにかく1円も損をしたくない」と考えている方がいます。しかし、何を始めるにせよ、お金はかかるものです。避けて通ることはできません。

起業して、いつか会社を辞めようと思ったら、少額でもいいので独立後の生活費の積み立てをスタートしてください。そして、起業準備を進めるために使うお金(初期投資の資金)を確保し、さらに、利益を出せるようになるまで投資できる運転資金を残しておくようにしてください。

このように、確かにお金は必要なのですが、会社員のまま起業の準備を進めていくのなら、**これらの資金のために借金をする必要はありません**。たとえば、最初は月3000円を独立後の生活費のために貯金し、月5000円を運転資金分として銀行口座に積み立てる。初期投資分については、購入が必要なものをリストアップして、これまでの貯金から捻出《ねんしゅつ》。貯金がなければ月7000円を初期投資分として半年間積み立てる。そんな感じで計画を立ててみてください。

その後、ビジネスが少し動き出したら、まずは運転資金分を増やして、売上を伸ばしていきましょう。その後に生活費分を増額し、独立に向けて準備を進めましょう！

これら「知」「人」「金」の3種のチカラを「会社員のまま180日で身につける」ことが、働きながら起業して成功するための最大の秘訣です。

起業セミナーでは「現場で使える知識」は手に入らない

一般的に、起業セミナーは「行政系」と「民間系」に分かれます。一般的に、教えてくれる内容は、行政系なら補助金、資金調達などの情報提供が多いです。民間系では、税理士など士業の先生が主宰する場合には、法律、税務などの情報、企業が主宰する場合には、モチベーションアップ（コンサルに誘導）、IT（ホームページ制作に誘導）、SNSマーケティング（起業塾に誘導）、せどりやアフィリエイトなど特定ノウハウの紹介（スクールに誘導）などが多く見られます。

セミナーへの参加は、知識を得るには手っ取り早いですが、「起業セミナーを受けてすぐに起業できるのか？」と考えると、ちょっと疑問です。セミナーでは一般論としての知識は手に入りますが、経験に裏打ちされた「現場で使える知識（知恵）」とは異なりますし、「人」や「金」については手に入らないことがほとんどでしょう。

また、起業塾やノウハウスクールに参加する費用もバカになりません。起業・副業のブームに乗って、費用も高額化の一途をたどっています。3カ月で50万円、半年で100万円を超える講座も普通に見られるようになりました。

一方、セミナーポータルサイトなどを利用して極端に安い金額でコーチング面談などを行っている人たちは、あとから高額サービスを売るために、サクラ同士で評価を高め合ったりしている場合もあって、その実力や効果は未知数です。

先行投資があまりに高額になってしまうと、お金のチカラが足りなくなってしまうことも考えられます。かといって、低価格につられて、戦略的につくられた評価だけを見て先生を選んでしまうと、貴重な時間を無駄にしてしまいます。時は金なりと考えれば、それはお金の損失でもあります。

起業を目指すのなら、**初期段階で効果的に各チカラを育て始めることが大切**です。入り口を間違えると気持ちが折れてしまい、挫折《ざせつ》しやすくなります。

もし、「自分には学びの場や先生が必要だ」と感じたら、最初は自分の可能性を限定しないためにも、なるべく広い範囲の「知」を網羅し、地道に実績を積み上げている質のよい学びの場や先生を選ぶようにしましょう。講師（先生）の著書を読んで、どのような考えでその活動をしているのかを確認したり、ホームページやブログ、SNSを見て、活動実態や実績をチェックしたりするなど、しっかりと見極めて判断するようにしてください。

見極めの簡単な方法としては、**ブログやSNSに掲載されている写真のチェック**がお勧めです。実際に講演やセミナー、レッスンを開催しているか、お客様やスタッフとの写真があるか、などをチェックしましょう。カメラマンに撮影してもらっただけの「ホワイトボード前で話している風の写真」や、エキストラひとりの後頭部越しの「面談風景などのイメージ写真」だけになっていないかなどを確認するのも簡単なチェックポイントです。

ブログやSNSに掲載される画像には、その先生の活動実態やレベルがそのまま表れます。文章は何とでも書けますが、日々の活動を切り取る写真の積み上げは、簡単にごまかせるものではありません。

「儲け話」系の副業はうまくいかない

起業したいと考える人は、「いま以上の収入を得ること」を目標のひとつに掲げることが少なくありません。ですが、コツコツと実績を積み上げていこうにも、最初の売上は数千円レベルの小さなものにすぎません。そのような状況にいると、次第に「不労所得」「一攫千金《いっかくせんきん》」「誰でも簡単」「法や制度の隙間を縫って」などのいわゆる〝儲け話〟が気になり始めます。

たとえば、最近では一段落した感がある仮想通貨。手っ取り早く儲かるとブームになり、「億《おく》り人《びと》」とも呼ばれる大儲けした人も現れましたが、小さく儲けて大きく損をした人もたくさんいるのではないでしょうか。「うまい話などない」という教訓（知）は得られたと思いますが、失ったもののほうが大きかったかもしれませんね。

仮想通貨以外にも、流行《はや》りの投資系セミナーにはたくさんの人が集まっています。もちろん、良質なところもあります。ですが、中には投資セミナーの名を騙《かた》ったネットワークビジネスの集会などもあるようで、さまざまな噂を耳にします。

そのような儲け話は、人や社会に貢献することで信用や信頼を獲得し、それをお金に換金していこうという、いわゆる**「実業」のノウハウとは毛色の異なるもの**です。実践したところで身につくのは、巧みな言葉で人を思考停止にさせ、自分の支配下に置いて、いかにお金をむしり取るかというテクニックくらいでしょう。そんな知り合いがいたとして、自分の悩みを相談したくなるでしょうか？　一緒に仕事をしたいでしょうか？

もちろん、投資をビジネスにすることが悪いといいたいわけではありません。たとえば、不動産投資は立派なビジネスになりえます。大切なことは**「それがまわりの人を幸せにできる事業なのか」「誇りを持って人にいえる事業なのか」「長く続けられて楽しめそうなことなのか」**というところだろうと思います。

ビジネスは、たくさんの人に喜んでもらうことで利益を出すことができるようになります。利益が出れば、事業を長く続けることができるようになります。長く続けることで、「知」「人」「金」の3種のチカラが育ち、経験が積み上がり、さまざまな過去データから気づくことが増え、不確実性が減ります。その結果、経営も安定的に続けることができるようになるのです。

「強い人脈」をつくろう！

起業を目指す人は、異業種交流会などに出たくなることがあるようです。起業のための人脈づくりだったり、起業に関する知識の獲得だったり、その目的はさまざまでしょう。

しかし、最近の多くの交流会は、基本的に自分の商品を売ろうとする人たちばかりが参加していきます。ギブよりテイクしたい人の集まり、要するに**「狩り場」と化している**のです。

このような場所に、何も知らない人が参加すると、次から次に売り込みや勧誘が来てしまうことになります。「いい話ないかなぁ」「簡単に儲けたいなぁ」といった下心を持っていると、あっという間に誘い込まれてしまうでしょう。

もちろん、中には、そのような目的で集まる会であることが公表されていて、数十万円の参加費用を取り、必ず自分のサービスの売り込み時間を設けてくれる場もありますし、会員がほかの会員のサービスを購入することが義務づけられている場もあります。いまの自分のステージに必要な「知」「人」「金」のどれかが手に入る場なのかを、きちんと見極めることが必要です。

もし、あなたが「人」について何かのきっかけを探しているのなら、「(あなたと)同じレベルにいる、同じ志を持った人」とつながってみてください。最初は、**まわりの真似と気持ちの維持が大切**だからです。

私自身もそうだったのですが、最初は、あれこれ否定したり意見をいってくる師匠や先輩よりも、まずは**話し合えて、悩みを共有できる仲間の存在**が大きいものです。その頃の仲間が強い人脈に育ち、いまも信頼できるビジネスパートナーとして関係が続いています。

私の主宰する起業18フォーラムでは、「強い人脈」を次のように定義しています。電話できる人であり、さらに「いま失業しているのですが、仕事を紹介してもらうことはできますか？」と聞ける仲である人が「強い人脈」の条件になります。

これは昔、キャリアカウンセラーの先生に教わった話なのですが、失業時に電話を掛けて仕事の紹介を依頼するということは、相手にとっては「重たい話」であり、親しい人やそれなりに知っている人でないかぎり、なかなかできないことだということです。

一方で、弱い人脈は「メールアドレスを知っている」「フェイスブックでつながっている」「年賀状を送っている」というイメージです。

ぜひ、いま必要な「人」のチカラを、いまできる範囲で手に入れてください。

起業難民になる人の特徴

起業したいと思っても、起業できずにくすぶり続けている人たちを「起業難民」と呼んでいます。起業を目指す人が増えているためか、起業難民も増えているのが昨今の状況です。

起業難民になってしまう理由は、3種のチカラ「知」「人」「金」のバランスが悪いからです。何年もさまざまな起業セミナーに出るだけで、それ以上、何もしない人もいます。ノウハウをメモし続けても、何もしなければ何も起こりません。「知」だけが突出してしまうパターンです。

交流会が大好きで、永遠に「起業準備中」という名刺を配り歩いていたり、会うたびに違う肩書の名刺をくれたりする人もいます。つまり、話すことが楽しくなってしまい、起業への行動を何もしていないのです。「人」だけが突出している、それも、弱い人脈だけが増えてしまっているパターンです。

もうひとつ、「金」についてのブロックは、なかなか厄介です。起業したいと思っているはずなのに、お金を一切使わない人がいます。使うとしても、最低限の額を渋々使うだけ。まるで、デパートに行く交通費だけは使うけれど、見るだけで買い物はしない、レストランにも絶対に行かず、ランチは地下の食料品売り場の試食品で済まそうと決めている人のようです。

実際には、そんな試食品で済ます人はいないと思いますが、起業について、そのような思考でいるために「起業難民」化している人がたくさんいるのです。

あなたの「起業成功レベル」を診断しよう

現在、自分にどのくらいの「知」「人」「金」のチカラがあるのか、どのようなバランスになっているのか、よくわからない人も多いと思います。そこで、簡単なテストをしてみましょう。

次ページの質問に、感覚的に○か×かで答えてみてください。

○を1点として点数をつけ、現状の起業レベルを把握しておきましょう。

現在の起業レベル＝　　点

現時点では、「知」「人」「金」のそれぞれで、○より×が多くなっていることでしょう。この先、感覚的なものを具体的な数値や条件に変えていき、それらをすべて○にしていくことが目標になります。そして、最終的に点数が満点になるように、それぞれのチカラを

起業成功レベル診断テスト

- 知→心から好きなこと、ワクワクすることがある
- 知→サラリーマン感覚（依存心、時間に対するコスト意識の欠如）から卒業している
- 知→得意分野が確立できている(お客様になる人〈需要〉も知っている)
- 知→情報受信者から情報提供者に立ち位置が変わっている
- 知→自分のビジネスモデルの説明ができる

- 人→起業について相談できる仲間がいる
- 人→家族が理解、応援してくれている
- 人→周囲に成功している起業家がいる
- 人→協力し合えるビジネスパートナーがいる（共同経営である必要はありません）
- 人→独立後に最初のお客様になってくれる人がいる

- 金→事業立ち上げに投資できる資金がある（もしくは、調達できるメドが立っている）
- 金→事業を育てるために使える資金がある（広告宣伝費など）
- 金→売上がある
- 金→本業の給与収入に匹敵するレベルの利益（収入）がある
- 金→1年分以上の家族の生活費に充てられる貯金がある

磨いていきます。

「知」「人」「金」については、各項の見出しの下にのアイコンで達成度を示しています。本書を読み進めると、それぞれのチカラがアップしていくようになっています。

次章では、「起業したい！」と思ったその日から、「最初の1カ月間に進めること」をご説明します。本書をチェックリストのように使って、読み進めていきながら、ひとつずつクリアしていきましょう。

第2章

1カ月目
起業マインド・トレーニング

思い立ったら、とにかく行動

「起業したい！」と思ったら、まず、その決意をひとつの行動に結びつけましょう。何でもかまいません。「想い」だけでなく**「行動」に変える練習**です。

一歩踏み出す＝何か大きなことをしないといけない、と考えると、「何から始めたらよいかわからない」となってしまいがちです。そうなってしまうと、会社員の経験が長い人ほど、「情報収集」→「調査」→「検討」→「情報収集」というループにはまってしまい、前に進めなくなります。

とくに、新しいことに挑戦しなくなって久しい人（50代男性に多い）は、ずっと「検討中」「効率的に」「もう少し調べてから」といって、「見送り」を選びがちです。私の知っている人にも、もう5年以上も、初心者向けの起業セミナーを渡り歩いている人がいます。その5年間に起業した人を山ほど知っているだけに、その時間が非常にもったいない気がしてなりません。

繰り返しになりますが、一歩を踏み出せない原因は、起業を大きく考えすぎていること、失敗を恐れすぎていることにあります。**「最初から大きなことなどできない。大失敗したくても、事業規模が極小なのだから、大した失敗もできない」**という現実を知れば、気持ちが少し楽になるでしょう。
むしろ、一度、「起業」という言葉を忘れて、「自分が好きなことをやって、その行動や活動を通じて、まわりの人を喜ばせてみよう」と考えてみてください。人が喜んでくれて、人が集まれば、お金はあとからついてきます。

では、あなたの小さな第一歩を考えてみましょう。その第一歩は**「決意をノートに書く」「友達にLINEでメッセージを送る」「本書に蛍光ペンなどでマーキングする」**などでもよいと思います。

あなたは好きなことをしようとするとき――たとえば、好きな音楽を聞くとき、テニスをするとき、洋服を買うときなど――、まず何から始めますか？ 多くの人は、あれこれ考えず、スマホのロックを解除してアプリを立ち上げたり、知りたいことや行きたい場所を検索したり、キンドルで関連本を読んだり、友達に連絡したり、とりあえずお出掛けをしたり、小さな行動を起こすでしょう。そして実際にやりながら、もっと上達したいと思ったら、練習をするでしょうし、もっと楽しみたいと思ったら、音質のよいスピーカーを買ったりするでしょう。このように、ひとつずつできることから対処していくのではないでしょうか。

「やりたいこと」が見つかる5つの質問

ですから、次の行動は、あなたが、ギアをひとつ上げなくてもすぐに身体が動くような「好きなこと」や「やりたいこと」を明確にすることです！

では、そんな自然に行動が始まるような「好きなこと」や「やりたいこと」は、どうやって見つけるのでしょうか？　パッと思いつかない人は、たとえば次のような質問に答えることで、そのヒントを得ることができます。

- **あなたが学生時代に、ハマっていたことは何ですか？**
- **これについてしゃべっているときが一番楽しい、と思うことは何ですか？**
- **近所を歩いている10人中8人より、あなたのほうが詳しいと思えることは何ですか？**
- **あなたが過去3年で、住宅、車、旅行以外で最もお金を投じたことは何ですか？**
- **人によく褒められることは何ですか？**

そのほかにも、幼少期の頃を思い出してみるのも効果的です。「三つ子の魂百まで」ということわざがありますが、幼い頃に好きだったこと、居心地がよかった環境、苦手と感じたものなどは、現在の自分にもつながっているものです。また、「幼い頃」という言葉を「新人だった頃」と考えてみると、社会人になりたての頃の記憶、仕事や上司に対して感じたことも、現在の仕事観にさまざまな影響を与えていることがわかります。

いまの段階では、**自分が好きなこと**、**好きな環境**、**好きなもの**、**好きな人**——、そんな何かを発見できれば、それで十分です。ビジネスをクリエイトしようなんて思うと、難しくてわからなくなります。「こんな人にこんなことをしてあげたいな」「あんなことができたら面白そうだな」と思えることがあったなら、120点の出来といってもいいでしょう。

本書では、この部分について「最初の1カ月でやる」としています。ですが、人によっては、ここで深みにはまってしまい、3カ月、1年と悩みに悩んでしまうことがあります。確かに、自分に対する答えを見つけたいと思う気持ちはわかりますが、実際にやってみなければわからないことが多いのも事実です。**考えるのは最長でも1カ月**。**悩んでしまったら、「とりあえずこれでいいや」と選んでやってみる**こと。それがとても大切になります。あとの章で、とりあえず選んだ「好きなこと」「やりたいこと」を、どうすればビジネスにできるのかを説明しますので、一緒に考えていきましょう。

ざっくりでも、好きなこと、やりたいこと、などがわかってきたら、次に進んでいきましょう。

ここで、「頑張って、はりきっていきましょう！」とはいいません。会社員を続けながら、子育てをしながら、介護をしながら……、そんな〝ながら〟の状態で起業準備を進めるのは、慣れるまで大変なことが多いからです。最初から飛ばさず、毎日少しずつ、休息も取り、家族との時間も確保しながら**「続けられるペース」で取り組める環境をつくっていく**ことが成功の秘訣です。

「頑張りすぎると、続かない」法則

実際に、会社員のまま起業準備を始めて成功した人たちを見ると、「頑張りすぎない」ことに徹底しています。まさに、**「頑張りすぎると、続かない」法則**です。もちろん、その人たちにやる気がないわけではありません。「空いた時間にやろう」と先送りせず、事前にスケジュールを確保し、集中してしっかりとやる。そして、休むときは休む、というメリハリをつけているだけです。

私のセミナーや面談に来られる方には、ごく短期間（1カ月以内など）で起業したい人、3カ月以内に成功したい人などもいます。私も「頑張ってほしい！」と思いますが、実際にできる人はごくわずかです。

なぜでしょうか？

ひとつは、会社員のまま起業準備をするには、最低でも半年程度の時間がかかるからです。もちろん、どの程度の時間を確保できるのかは人それぞれですが、調べ物をしたり、商品を揃えたり、ホームページをつくったり、各所とアポイントメントを取って打ち合わせをしたり、何をするのにも時間はかかります。

もうひとつは、疲れてしまって最初の勢いが続かない、想定外のことが起きて心が折れてしまうといった精神的な理由からです。

ある程度の期間を見て、焦らず楽しいことをやっていこうと決めれば、順調なときも、想定外のことが起こったときも、冷静に対処できるようになります。会社員のまま起業準備を進めるときには、**最低１８０日くらいの期間を取って、一歩ずつ着実に進めていく道を選んでください。**

「安定を捨てる覚悟」はいらない

このステージでとても大事になる「感情のコントロール方法」や「物事の考え方」についてご説明します。

皆さんは、「コンフォートゾーン」という言葉を聞いたことはありますか?

「ぬるま湯から抜け出して、新しいことにチャレンジしよう」というようなとき、そのぬるま湯の状態を「コンフォートゾーン」といったりします。

偉大な経営者は、よく「起業を目指すなら中途半端はダメ。安定を捨てる覚悟で、高い目標にチャレンジしなければならない」とおっしゃいます。まさに、コンフォートゾーンから抜け出さなければ成功できないということです。しかし、私はそうは思いません。

私自身もそうですが、人はそんなに強くありません。守りたいものもたくさんあります。修行僧のように挑戦できる人は、ごく一部のエリートだけなのではないでしょうか。

私たちは、一度、コンフォートゾーンより高いところに抜け出ても、自然と元の低い位置に戻ろうとします。そして、低いほうに抜け出れば、コンフォートゾーンを下に広げて、そこも自分の居場所として適応してしまいます。そんなことを繰り返しているのです。

では、どうすれば、自然体のまま、高い目標に向けて進んで行くことができるのでしょうか？　いろいろなやり方があると思いますが、私なりに一番効果を感じた方法は、「**付き合う仲間を変える（増やす）こと**」でした。

仲間を変えるといっても、友達を切るとか、そんな意味ではありません。居心地のよい趣味の仲間、学生時代の友達、愚痴を言い合える同僚といったお付き合いに加えて、**起業に向けて共に切磋琢磨**《せっさたくま》**できる仲間**とのお付き合いを増やすだけです。起業仲間と一緒に食事をしたり、遊びに行ったり、付き合いを重ねるうちに、何もしていない自分がコンフォートゾーンから低いほうに外れていると感じるようになるはずです。

そこで、「自分はいまのままでいいんだ」と適応してしまうようでしたら、無理に起業を目指さないほうがいいかもしれません。新しい仲間との付き合いも、実は無理をしていたのなら、自然となくなっていくはずです。逆に、「いまの位置は居心地が悪い。コンフォートゾーンに行きたい」と思えれば、しめたもの。判断や行動が、自然と引っ張られていくことでしょう。

親や親戚に起業している人がいると、それを見て育った次の世代も、起業することを当たり前と感じるようになります。もちろん全員ではありませんが、これはよくあることです。彼らにとっては、起業している親、それを踏襲する自分の姿がコンフォートゾーンになっているからなのでしょう。

100点を目指さないほうがうまくいく

起業を目指す際には、**「完璧主義にならないこと」**が重要です。

いつまでも起業できないどころか、起業準備すらスタートできない人に共通するのが、この「完璧主義」です。完璧主義にとらわれるため、あらゆる条件が整うまで動き出そうとしない人もいれば、少しでも状況が変わると、すぐに活動をやめてしまう人もいます。

ですが、私たちの人生を考えてみれば、すべて順調、すべて予定通りなんて状況が長く続くことはめったにないはずです。「子供が○○になってから」「仕事が落ち着いたら」などと考えたくなるものですが、そのときになってみると、新しい問題や面倒な用事が発生しているものです。

100点である必要はありません。20点でOKです。いまできることを探して、実際にやっていくことが大切です。たとえていえば、運転免許を取る前に、恋人や友達をドライブに誘ってしまうくらいのノリでいいと思います。

私の知り合いのセミナー講師たちには、次に売ろうとする新しい講座ができあがる前に、販売を開始してしまう人がたくさんいます。彼らは、アウトラインくらいまでをサッと考えてコンセプトを決めたら、どんどん説明会の告知を始めてしまうのです。説明会に集まった人に講座を売りながら、お客様の求めている情報を盛り込んでいき、講座開催までにコンテンツを完成させていきます。ある程度不完全な状態で進めていっても、最終的に価値のあるものに仕上がるのでしたら、それでかまわないということです。

多くの会社員は、「減点主義」の中で生きています。それゆえ、「ミスをしないように」「失敗は怖い」という意識を強く持っています。ですが、起業は新しいチャレンジです。マニュアル通りの仕事の引き継ぎをしているわけではありません。トライアンドエラーの「エラー」を恐れすぎるあまり、**「トライ」をしなくなっては元も子もありません**。100点を目指さず、どんどんエラーをして、修正していきましょう!

モチベーションが下がってもOK

どんなに好きなことであっても、常に高いモチベーションを維持できる人はいません。

どんなに好きな食べ物でも、毎日三食ずっと食べていれば飽きてしまい、たまには違うものを食べたいと思うようになるでしょう。

起業準備についても同じことがいえます。モチベーションは日々アップダウンします。仮に気持ちがダウンすることがあっても、「あれ？　自分は本当に起業したいのかな？」とか「やっぱり好きなことではないのかもしれない」などと悩む必要はありません。好きな食べ物であれば、しばらく食べなければ、また食べたくなりますし、本当に起業したいと思っているのなら、少したてば、また前に進みたくなるはずです。

では、モチベーションが下がってしまったときに、どうすればよいのでしょうか？

最もよい方法は、**「それでいい」と受け入れてしまう**ことです。モチベーション低下の原因は、疲れが溜まっているからなのかもしれませんし、思うように結果が出ずにイライラしているからなのかもしれません。そのようなときには、気分転換に外出したり、ゆっくりと休息するといいでしょう。

ただし、あなたが本当に成功したいと思っているのなら、**休養中でも種火は消さない**ことです。完全休養の期間は、最長でも２週間くらいまで。それ以上、完全に動きを止めてしまうと、再始動するのにまた大きなエネルギーを要することになります。これは、筋トレやダイエットにも似ていますね。

ところで、夢である起業への道のはずなのに、なぜモチベーションが下がってしまうのでしょうか？　その理由は大きく分けて3つあると思います。

まず、「いつまでも決めないから」です。商品を何にするのか、あるいは、何を発信して人を集めるのかといったことをとりあえず決めないことには、何も始まりません。何も決めないために行動を起こせないので、いつまでも具体的な課題がわからず、漠然とした不安や失敗への恐怖ばかりが膨らんでしまい、最初の勢いが失われてしまうのです。

「仮にこれでやってみよう」と、とりあえず決めてしまうことで、見えてくること、学べることがたくさんあるはずです。

次に、「行動の中に好きなことを含めていないから」が大きいでしょう。本業の仕事は、好きなことではないとしても、生活のために頑張るしかありません。ですが、起業については、そもそもやらなくてもいいことをやっているわけですから、好きではないことをしていれば、モチベーションが下がってしまうのは当たり前です。

好きなことをしていたり、好きな人と一緒にいたり、好きな環境に身を置いていれば、前述のように、一時的にモチベーションが下がっても、また気持ちは戻ってきます。

最後に、「結果にこだわりすぎてしまうから」ということがあります。たとえば、たった1、2回、セミナーに人が集まらなかっただけで、すぐに心が折れてあきらめてしまうようなことです。

もちろん、結果にこだわることはプロとして大切なことです。ですが、最初の段階から、そこにこだわりすぎてしまうと、「完璧主義」に陥ってしまいます。「うまくいくまで修正していけばいいいや」くらいに思っておくことで、前向きになることができますし、そのほうがより早くよい結果にたどり着くことができます。

まずは行動開始です！

ここからは「知」「人」「金」の3つをバランスよく25点まで上げる具体的なステップを紹介していきます。

1 自分を知れば、情報が集まってくる

最初は、「**基礎知識**」です。知識というと、試験のように勉強するものに聞こえがちですが、難しく考える必要はありません。この段階で必要な知識は、「あなた自身についての知識」です。

自分について知ると、頭に入ってくる情報が変わってきます。たとえば、自分が望むライフスタイルを意識すれば、それを実現している人やその方法についての情報が目に留まるようになります。自分のスキルや活用できるリソースを意識すれば、通勤電車の中でも、目に入るさまざまな情報から、起業のアイデアのヒントが見えてくるようになります。あえて時間をつくらなくても、スキマ時間に街を眺めているだけで、起業に関連する情報が飛び込んでくるようになるのです。

自分の「好きなこと」や「やりたいこと」を探る質問は、すでにご紹介した通りです。

ここで探りたいものは、自分の持つ「スキル」、そして起業に活用できる「リソース」になります。

ひとつ、事例をご紹介しましょう。

会社員のまま起業準備を進め、２年前に独立を果たした伊藤さん（仮名）のお話です。伊藤さんは会社員時代、部品メーカーで営業事務の仕事をしていました。彼女は営業社員の成績や在庫の管理をしているうちに、いつの間にか、マイクロソフト社のエクセルを使うことが得意になっていました。

伊藤さんは、とくにエクセルが好きというわけではありませんが、自分が迅速に正確な数字を出すことで、多くの営業社員が喜んでくれることに嬉しさを感じていたため、「エクセルを使えば、人に喜んでもらえることができるかもしれない。エクセルを使って何かできないかな？」と考えるようになったのです。

当初、伊藤さんはエクセルのスキルを活かすために、ファイナンシャルプランナーの資格を取得しようと考えました。しかし、資格取得には長い時間とお金がかかるため、「資格がなくても、いまのスキルでできることがあるはず」と思っていたところ、たまたま読んでいた雑誌の記事が目に留まりました。それは「占い」についての特集記事です。

伊藤さんは「もしかしたら……」と思い、さっそく起業18フォーラムの勉強会で参加者にアドバイスを求めました。曖昧《あいまい》なアイデアでしたが、そんなことは気にせずに、これまでの状況や考えを説明することにしたのです。

すると、参加者の一人から「占いの計算ソフトがいいかもしれない」とコメントが返ってきました。それは、「数秘術」という占いに使うもので、鑑定結果を出すために行う複雑な計算を、エクセルで簡単にできるのではないか、というアドバイスでした。

やってみると、エクセルが得意な伊藤さんにとっては、とても簡単な作業でした。伊藤さんはさらに工夫を重ね、占いを勉強していたことのある友人の力も借りて、計算結果に沿った占いメッセージも表示できるように改良し、ものの数日で鑑定書ができるエクセルソフトの開発に成功しました。

伊藤さんは、完成したソフトを占い師に販売しようと考えましたが、どこで販売したらよいのかがわかりませんでした。そこで、再び勉強会に参加。ネット上で知識やスキルを売買できるスキルシェア系サイトにアカウントを開設し、出品することを勧められました。そして、まずは一般の人向けに1000円で鑑定書をつくるサービスを開始。さらに、占い師向けに2万円でエクセルソフトの販売を始めました。

伊藤さんは、そもそもお金目的で始めたわけでもなく、人に喜んでもらえたら嬉しいと考えて始めたサービスだったこともあり、購入者からの高評価、感謝のコメントだけで大満足していました。売上も月に3万～5万円程度でしたが、評価が高まるにつれ、依頼が徐々に増えていき、半年後には月90万円もの売上を叩き出すほどに。現在は、エクセルの講師業まで活動範囲を広げ、順調にビジネスを回しています。

この伊藤さんの場合は、「スキル」をベースにした起業になりましたが、私たちはそれ以外にも**たくさんのリソースを持っています**。たとえば、家業、育った場所や現在の地元にある地の利、人脈、これまで受けてきた教育など、**直接的に、間接的に、起業に役立てられるものがたくさんある**はずです。

これらを見つけ、それをどう活用できるのかを意識することが大切です。自分の強みを見いだすフィルターを通して世の中を眺めることができるようになり、たくさんのチャンスが目に留まるようになってきます。「自分は何もできない」「こんなのはただの自己啓発だ」といっていては手に入らない具体的な情報を、自分自身のチカラで発見できるようになるのです。

25点の「知」のチカラを手に入れる

2 本屋さんでネタを探す

「どんなビジネスをしようか？」

起業アイデアを出すきっかけやヒントが欲しいときには、ぜひ、**本屋さん**に足を運んでみてください。ネットの書店ではなく、大きな店舗がいいと思います。

本屋さんは知識の宝庫であり、自分が最も関心のあるものを示してくれる場所でもあります。本屋に入って、自然と足が止まるコーナー、手に取ってしまう雑誌など、自分自身の行動とワクワク感を観察することで、起業アイデアのヒントを探ってみましょう。

本屋さんに行くと、たいていの場合、入り口から最も近い位置に、そのとき話題の売れている本が置かれています。平積みになった本を見て**気になったものがあれば、そのジャンルをメモしておきましょう**。

たとえば、本屋さんのランキングで上位に掲げられた『妻のトリセツ』（黒川伊保子著、講談社＋α新書）という本が目に入ったとしましょう。

単にタイトルを見て面白そうだと感じたのかもしれませんし、もしかすると、配偶者との関係、あるいは、女性脳の仕組みに関心があるのかもしれません。

帰宅して、お風呂に浸かりながらでも、翌日の通勤時間でもかまいません。「なぜ自分はこの本に興味を持ったのだろう？」と考えてみてください。そして、**頭に浮かんだキーワードを並べてみてください**。たとえば、「夫婦関係」「脳科学」「共感」などのワードが思い浮かんだら、それらを組み合わせて発想を膨らませてみましょう。

次のような感じです。

・夫婦関係改善のアドバイスをする
・共感するコミュニケーション術のトレーニングを提供する
・夫婦関係を改善させるための会話例文集を売る
・夫婦関係に悩む40代を集めて勉強会を開く
・脳科学の本をテーマにした書評ブログを立ち上げてみる

この段階では、思いつく限りのものを洗い出すだけでかまいません。これを分類したり、優先順位づけをしたり、より具体的なアイデアに落とし込むのは、もう少し先の段階になります。

「できる、できない」「儲かる、儲かりそうもない」といったことは気にせずに、やってみたいことや面白そうと感じることを、とにかく洗い出してみましょう。**20〜30個も出せれば十分です**。

3 時間を有効活用するために、生活ログ（記録）を取る

自分を知り、意識を変えることで、日常生活の中から起業についての情報を得ていくことは確かに可能なのですが、それでも、まとまった時間が欲しくなる場合があります。そんなときのために、一度、**生活ログ（記録）**を取ってみましょう。自分自身の1週間の動きを記録し、何に何時間割いているのか、平均的な値を把握します。

最も大きな時間を割いているのは、きっと本業の仕事と、そのための通勤時間や身支度にかかる拘束時間でしょう。これを短くできるのかを考えてみましょう。過剰な飲み会、遠すぎる家、サービス残業など、思い切ればカットできるものがあるかもしれません。

そのほかの時間には、睡眠時間、家事や用事、家族や子育ての時間、趣味の時間、リラックスの時間など、いろいろあると思います。このように書くと、どれも削ることができない大切な時間ばかりのように見えますが、1週間も記録をつけると、意外と無駄な時間を過ごしていることがわかってきます。ぼーっとしすぎたり、晩酌が長すぎたり、ゲームや

ＳＮＳをやりすぎたり、深夜までＹｏｕＴｕｂｅを見てしまったり、「この時間、ちょっともったいないな」と思う時間が見つかってきます。そこを**起業準備のための時間に変えてみましょう**。好きなことをやるのなら、それも自然にできるようになるはずです。

生活ログを取る方法は簡単です。**1週間の行動を書き出していく**だけです。次ページに例を示します。まず、1日ごとの記録を取っていきます。

左の上には日付を記入します。その下、左側に「やったこと」を書き、その右に「開始時間」と「終了時間」「所要時間」を記入します。

このように1日の生活に使った時間を記録していきます。細かく書き出すことが目的ではないので、大まかに、何に何時間を費やしたのかを並べていきます。

1週間ほど続けたら、その集計を行い、週間生活ログを完成させます。

本業の仕事の時間配分を見直したいと思ったら、単純に「仕事」と書くのではなく、その内容を細分化して書いてみましょう。カットできそうな時間、効率化できそうな時間が明確になるはずです。

生活ログ

年　月　日(　)	開始時間	終了時間	所要時間

生活ログ(記入例)

年　月　日(　)	開始時間	終了時間	所要時間
ブログ書き	06:30	06:55	25分
通勤準備	07:00	07:40	40分
通勤	07:45	08:50	65分
本業	09:00	17:00	480分
飲み会	17:30	20:50	200分
帰宅	21:00	21:40	40分
食事・その他	21:50	23:00	70分
読書	23:00	23:50	50分
就寝	24:00	06:30	390分

こんな話があります。大手流通の総務部で働く羽田さん（仮名）は、本業の仕事で、部署の業務効率化に取り組んでいました。まず自分自身の業務を洗い出し、ログを取ってみたところ、マイクロソフト社のアウトルックを使っている時間がとても長いことがわかったそうです。

羽田さんは、アウトルックを使っている時間をなんとか減らせないかと考え、ネットなどを見て、メールの仕分け方やショートカットキー、情報検索の効率化などを独学で研究しました。その結果、意外と簡単に業務時間を短縮できることがわかり、その小技を社内で披露したところ、大好評。多くの人が羽田さんに感謝してくれたのです。

その経験をビジネスにできないかと考えた羽田さん。教えたい先生と学びたい生徒をマッチングさせるスキルシェア系サイトを活用して、アウトルックを使った業務効率化の先生としてデビューしたところ、多数の申し込みが入るようになりました。当初は2週に一度のペースで、週末に近くのカフェで講座を開いていました。ですが、それだけでは足りなくなり、いまでは平日の夜開催や朝開催も行い、毎日とても充実しているそうです。まだ副業のレベルですが、1人2000円の受講料を取って、毎月5～10万円の収入になっているといいます。

この羽田さんの事例は、業務時間のログを取った結果、無駄と感じる作業が「見える化」され、それを解決しようとしたことがスキルとなって、ビジネスにつながったというものです。また、別の見方をすれば、仕事の中で最も時間を割いてきたアウトルックに、起業アイデアのヒントがあったわけです。

さらにいえば、時短について研究することや、それを人に教えることが**「自分の好きなこと」**だとわかり、それを活かすビジネスにつなげているともいえるでしょう。

生活ログを取ることには、省くべき無駄な時間がわかるという直接的な効果もありますが、起業アイデアにつながる**「時間を忘れて没頭してしまうこと」「結局、戻ってきてしまう好きなこと」「自然に身についていたスキル」**など、自然体の自分がわかるという間接的な効果もあります。まさに、一石二鳥の作業なのです。

4 自分の持つスキルとリソースを整理する

起業アイデアのヒントになりうるものには、「好きなこと」や「やりたいこと」、そして「スキル」がありますが、それ以外にも活用できるリソースはたくさんあります。

それを探るためのいくつかの質問を用意しました。いまは、**「自分について」という基礎知識を知る段階**です。これまで同様に洗い出しをするだけでかまいませんので、答えられそうなものだけ書き出してみてください。

【自分のスキルを探る質問】

・褒められても「えっ？　そんなの当たり前なのに」と思ったことは？
・会社で、何に強い人（詳しい人、得意な人など）といわれていますか？
・あなたが「自分はまわりの人とここが違う」と思うことは何ですか？

【自分のリソースを探る質問】

・あなたのご両親／兄弟／姉妹／親戚のお仕事は何ですか？

・あなたの親友／知人のお仕事は何ですか？

・あなたの生まれた／育った／住んでいる場所や、そこにいる人たちの特徴は何ですか？

もしかすると、これらの質問の答えの中に、**起業に使えるもの**、**起業のヒントになるもの**があるかもしれません。

たとえば、質問の答えから直接的に「地元の活性化に役立ちたいな」「生まれ故郷に若い人をもっと呼び込みたいな」と思う人がいるかもしれませんし、間接的に「親友はいつも課長の愚痴を聞かされて疲れるといっていたな。そういう女子を集めてストレス解消パーティーをやってあげたら喜んでくれるかな」などと、発想を膨らませる人がいるかもしれません。「親友の仕事はメーカーの事務だから私には関係ない」と思えば、可能性はそこまでです。

いかがでしょうか？　まだざっくりでかまいません。アイデアになる素材が集まってきたでしょうか?

自分で考えても、わからなくなってしまった場合には、**まわりの人に聞いてみる**のもいいと思います。もちろん、起業するための質問であることは隠したほうがいいでしょう。話しやすい上司であれば「なぜ自分にその仕事を任せたのですか?」とか、友達ならば「私は何に向いていると思う?」など、思い切って聞いてみましょう。その答えを真に受ける必要はありません。「ふーん、そんなもんか」と思うくらいで十分です。それも何かのヒントになるかもしれません。

好きなことが見つからない場合には?

私がよく受ける相談の中に、「好きなことが見つからない」というものがあります。私は、どんな人にも好きなことは「必ずある」と思っていますが、もしかすると本当にないのかもしれませんし、考えたこともないので、言葉にできないだけなのかもしれません。

もし本当にないのであれば、あるいは、見つけられない状態がつらいのであれば、そこにこだわる必要はありません。**見つかるまでいろいろと試してみる**のもいいでしょうし、続けられるのなら、**得意なスキルやリソースから需要を探ってみてもかまいません**。頭を柔らかくして、「正解なんかないんだ」と思うことのほうが大切です。

私のこれまでの起業支援の経験では、「好きなことが見つからない」と感じてしまうのは、多くの場合、「そんなことを考えたこともないから、言葉になって出てこない」ということが原因です。好きなことなんて理屈抜きに好きだから、なんとなくやっているわけで、自然にニヤけてしまうこともあれば、無表情のまま没頭していることもあります。自分が好きなことが習慣化していて、自然な行動になるまで染みついていると、それが起業アイデアの素になることに気づけない状態になりがちです。改めて聞かれても、よくわからないことが多いのです。

たとえば、私の母。彼女はどちらかといえば真面目な性格で、少しネガティブなところがあります。いつも、「毎日楽しくないし、やりたいこともない。別に長生きなんてしたくないし、好きなことなんてない」といっていますが、どう見ても猫が大好きです。娘より息子より、猫が最優先です。また、起業18フォーラムのメンバーである浅川さん（仮名）は、飲食店などで気になることがあると、改善策を店舗に提案したくなる性格に気づきました。そこから、クレームする人の心理もわかるようになり、それがきっかけとなって、クレーム対応のコンサルタントになりました。

こんなエピソードもあります。最近、起業18フォーラムに参加された山口さん（仮名）は、学生時代にラジオの番組制作や放送に関わった経験をお持ちでした。ですが、じっくりと自分自身と向き合う時間を取るまでは、その楽しかった経験を思い出すこともなく、また、思い出してからも、その経験について何も感じていなかったそうです。ところが、週末の勉強会に参加した際、まわりのメンバーにその経験を話したところ、「番組をつくれるなんてすごい！　ぜひ教わりたい」といわれたことで、一気にアイデアが湧き出てくるようになりました。

いまはポッドキャストやＹｏｕＴｕｂｅ、ツイキャスなどで、誰でも簡単に音声や映像を配信することができますが、趣味で垂れ流している人がほとんど。ビジネスとしてきちんと企画された番組を配信できる人は少なく、ブランド力や集客力向上に活用できている事業主も少ないことから、番組制作のハウツーを教える講座を始め、それをビジネスにすることに成功したのです。

「ダメだ」と決めつけてはいけない

日常生活では、好きなこと、好きな場所、好きな時間、好きな人、やりたいことなどを、言葉にしてまとめる機会などないかもしれません。時間の使い方を数値で検証することもなければ、名前のついていないスキル（無自覚なスキル）や自分の持つリソースの棚卸しをすることもないでしょう。仮に、それらを認識できたとしても、それらが起業のヒントになりうることに気づかなければ、「自分には何にもない」という言葉にすり替わってしまうのです。

この段階では、勝手にダメだという結論を出さず、何も考えずに、**とにかく「好きなこと」「やりたいこと」「スキル」「リソース」を洗い出してみましょう**。日向《ひなた》ぼっこが好き、枕にこだわっている、飲み会ではいつも幹事、モデルをやってみたい……と、何でもメモをしていきましょう。

洗い出しをしながら、とりあえず何か始めたくなったら、実際に行動してみましょう。いまはそれを実現できるサービスがたくさん用意されています。たとえば、日向ぼっこできるスポットの情報や、枕の選び方の情報をまとめて、**「ＲＥＱＵ」**（https://requ.ameba.jp/）や**「ｎｏｔｅ」**（https://note.mu/）などを使って、有料コンテンツとして販売してみることもできます。モデルをやってみたいのなら**「週末モデル」**（https://weekend-model.com/）というサービスを使えば、ウェブＣＭなどに出演することもできるかもしれません。

5 自分の強みを「2つ以上」見つける

ここまで、好きなこと、やりたいこと、スキルやリソースなどの洗い出しをしながら、それらをビジネスにつなげた人の事例を数件見てきました。しかし、一応、書き出してはみたものの、「自分のスキルやリソースは平凡で、もっと上手にできる人や、もっと強力なリソースを持っている人がたくさんいるはずだし、全然自信が持てない」と感じている人がいるかもしれません。

そんな場合には、自分の強みを見つけて、それらを掛け合わせるという方法が効果的です。すでにスキルやリソースが複数見つかっている人は、それを掛け合わせてもいいですし、次にご紹介する質問で、別の角度から強みを探ってみてもいいと思います。

【強みを探る質問】

・現在、上司、同僚、部下から、どのようなことが評価されていますか？

・家族や友達から、よくいわれるあなたの性格や適性は何ですか？
・人の評価を気にせず、続けていることは何ですか？

これらの質問から浮かんだことを、これまで洗い出ししたものと掛け合わせてみましょう。たとえば、前述のアウトルックで起業した羽田さんが洗い出した自己分析の一部に次のようなものがありました。

好きなこと＝営業社員に喜んでもらうこと／自分の調べたことを人に教えること
得意なこと＝アウトルックの使い方に少し詳しくなったこと
リソース1＝自宅に事務所として使えるスペースがあること
リソース2＝通勤にターミナル駅を利用するので、たくさんのサラリーマンがいること

羽田さんはこれらから、会社員向けに業務効率化の講座を開くことにしたのですが、これに強みを掛け合わせると、ほかにない強力なコンテンツに進化させることができます。

強み1＝パワーポイント資料の作成が得意

強み2＝笑顔が優しい
強み3＝人見知りしない

これらが羽田さんの強みです。ポイントとしては、強み2、強み3のように、**一見、仕事とは関係なさそうなことでも、強みにカウントする**ということです。一貫性のない職歴でも、転職回数が多くても、学歴にコンプレックスがあったとしても、「だからわかる」「だからできる」と、すべて強みに言い換えて事業に活かすことができます。

羽田さんの場合、これらを業務効率化の講座に掛け合わせてみると、一見、堅く難しいイメージがある業務効率化講座が、「資料がとてもわかりやすい、距離感が近く気さくに話せる先生が教えてくれる、業務効率化講座」になります。告知サイトにとても優しそうな笑顔で教えている先生の写真が掲載されていたら、さらに集客力は高まるはずです。

その上で、将来的に、オンライン化やアニメ化、アプリ化など、講座資料の提供方法を工夫して価値を高めたり、人が知らない裏技の紹介などオリジナルコンテンツを追加したりすれば、この講座は確固たるポジションを確立できるようになるでしょう。

ここまでが25点の「知」です。**自分について知り、言葉を洗い出し、なんとなく起業アイデアを並べてみることまで**。まずはやってみましょう！

1 成功を阻むドリームキラーから距離を置く

25点まで高めておきたい「人」のチカラは、人脈を増やすことではありません。誤解を恐れずにいえば、**「付き合う人を選ぶこと」**です。

まず、自分のまわりにいる人を観察することから始めます。最も重要なのは、**あなたの成功を阻むドリームキラーを見つけ、そっと距離を置く**ことです。

ドリームキラーとは、「どうせ無理だよ」「やめときなよ」などのネガティブな言葉が口癖になっている人や、心配するあまり「無意識」のうちにあなたの行動を止めようとする人、意地悪や嫉妬などから「意識的」にあなたに悪い言葉を投げ掛けてくる人のことです。

一番近くにいるドリームキラーは、あなたの家族かもしれません。家族や親友のように身近な人と距離を置くのは難しいかもしれませんが、ここは乗り越えていく必要があります。実際、起業をするとなると、身近な人、とくに配偶者にはどんな形であれ、影響が及んでしまうからです。心配してくれる気持ちに感謝しながら、でも、自分は起業したいこと、迷惑をかけないこと、そして、会社員のまま始めるのでリスクは小さいことなどを、理解が得られるまで根気よく説明していきましょう。

もちろん、普段から配偶者に迷惑をかけているのに、自分の主張だけを通そうとしても、応援はしてもらえないでしょう。**相手の意見や悩みを聞き、日頃からコミュニケーションをよくしておくことが大切**になります。

もうひとつ、**ドリームキラーがよくいる場所として、勤務先の会社**が挙げられます。勤務先の人たちには、必要がなければ、**なるべく起業や副業についていわない**ようにしましょう。何がきっかけになって、妬《ねた》みや嫉《そね》みにつながるかわからないからです。

同僚や知り合いなどに、それほど気を使う必要がないドリームキラーを見つけたときは、前述のように、そっと距離を置きましょう。要するに、**無視していればいい**のです。

とくに多いのは、余計なアドバイスをしてくるドリームキラー。「いったい、何のためにそんなことをするの？」といった質問を興味本位で聞いてきたあとに、「どうせできないよ」「難しいんじゃない？」「意味ないよ」と切り捨ててきます。やったこともないのに、批判や文句だけは立派な、こういうタイプの人とは、真っ先に距離を置くようにしてください。

2 友人同士で起業をするのはやめよう

起業するには、たくさんの人との関わりが必要になります。

自分を引き上げてくれる人、支えてくれる人を増やすことも、起業に必要な「人」のチカラのひとつですが、第1章でも軽く触れたように、**友人と一緒に起業をするのはやめておいたほうがいい**でしょう。

そもそも、友人と一緒に起業を検討しても、実際に起業できるケースは少ないのが現実です。

私のセミナーにも、ごく稀に、友達同士で参加される方がいます。しかし、その後、無事に起業したという話はほとんど聞きません。

私自身にも経験がありますが、やはり大人同士が集まると、なんとなく「いまはやめておこうか」「もう少し検討します」と、やらないほうを選択しがちになります。いつまでも決断をせずに、情報収集という名の先送りを繰り返しているうちに、気持ちが萎《な》えてフェードアウトしてしまうのでしょう。

一見すると、よく知っている友達同士で起業するのは、やる気も出そうだし、仕事も分担できそうだと、よいことだらけのように感じられるものです。ですが、実際には、そううまくはいきません。なぜなら、**船頭が2人いることによる意見の衝突**や、**それを避けるための遠慮によるストレス**があるからです。そして、どちらかが妥協を繰り返すうちに、なんとなくできあがってしまう上下関係なども、2人の関係がうまくいかなくなる原因になります。

余計な心配事を増やさないためにも、仲のよい友達と起業するのは避けたほうが無難でしょう。

3 自分が「好きな人」と「苦手な人」を知る

「知」のチカラでは、自分の好きなこと、スキル、活用できそうなリソース、強みなどを見てきました。ここでは、自分の好きな人、苦手な人について探っていきましょう。

「なぜ、そんなことをするの？」と思う方もいるかもしれません。

私たちは、日頃、なんとなく嫌いと思う人とも付き合い、できることなら顔も見たくない人とも、毎日会っていたりします。会社員であれば、いくら嫌いだからといっても、上司や同僚は選べませんし、自分と合わないからといって、取引先を変えることはできません。会社員は、組織から与えられた役割の中で、担当の仕事をミスなく遂行することが求められており、勝手に上司や担当顧客を選ぶことはできないのです。

しかし、**自分で起業すると、この考え方はまったく異なってきます**。小さなビジネスを興した場合には、自分の好きな人と付き合い、嫌いな人とは距離を置くことが、結果的に仕事の品質を高めていくことにつながります。

これは、ビジネスをサポートしてくれる仲間や外注先だけの話ではなく、**お客様についても同じことがいえます**。嫌いな人のために頑張り続けることは楽しくありませんし、相手もまた、あなたの頑張りを認めてくれないでしょう。コミュニケーションにすれ違いが起きてクレームになってしまえば、時間的にもエネルギー的にも大きなロスにつながります。

逆にいえば、自分の好きな人に囲まれていると、仕事をさらに楽しめるようになり、その結果、ファンやリピーターになってくれる人も増えるのです。

では、どうすれば、お付き合いするのがいい人と、関わらないほうがいい人を見分けられるのでしょうか？

一番簡単な方法は、**いま頭に浮かぶ身近な好きな人たち3～4人の名前を書き出して、その人たちが好きな理由、その人たちの共通点、その人たちと自分の共通点について考えること**です。

こういうところが自分の価値観と似ているとか、こういう行動が自分を安心させるなど、文字に書き出してみると、より深く自分が好きになる人の傾向を知ることができます。

同じように、嫌いな人や苦手な人についても考えてみましょう。

ちなみに、私の好きな人の特徴は、「精神的に自立していて、常に向上心を持っている努力家で、それでいて楽天的な部分も持っている人」です。こういう人は私のまわりにたくさんいて、いまも一緒に楽しく仕事をしています。

逆に苦手な人は、お金にだらしない人や、人を見下した物言いをする人、そしてコバンザメのような人です。こういう人は過去に数人いましたが、思い出すだけで気持ちが凹《へこ》んできます。いまもそういう気配を感じる人がいたら、近づかないようにしています。

「人」のチカラを25点まで高める

4 マトリクスを作成して、人間関係（人脈）を可視化しよう

ここでは、現在の**人間関係（人脈）について、マトリクスを作成して可視化する**作業をしてみましょう。自分は友達が多いと思っていても、改めて可視化してみると、意外とそうでもなかったり、現実が見えてくるはずです。

私の知り合いには、友達と思っていた人のほとんどが会社関係で、会社を辞めたあとは、誰も付き合ってくれなくなったという人もいました。起業したあともお付き合いをしてくれるのは、あなたの立場や看板を求めていた人ではなく、**あなた個人と心がつながっている人**です。あなたは、何人の人と、どのくらいの強さでつながっているでしょうか？

次ページに掲載したマトリクス表をご覧ください。**縦軸に年齢、横軸には、起業する際につながりがあると嬉しい人たちのカテゴリ**を書いています。当てはまる場所に、思い浮かんだ人の名前とつながりの強さを書いてみてください。客観的に眺めてみると、自分の人脈の偏りや、お付き合いを深めたい人などがわかってきます。

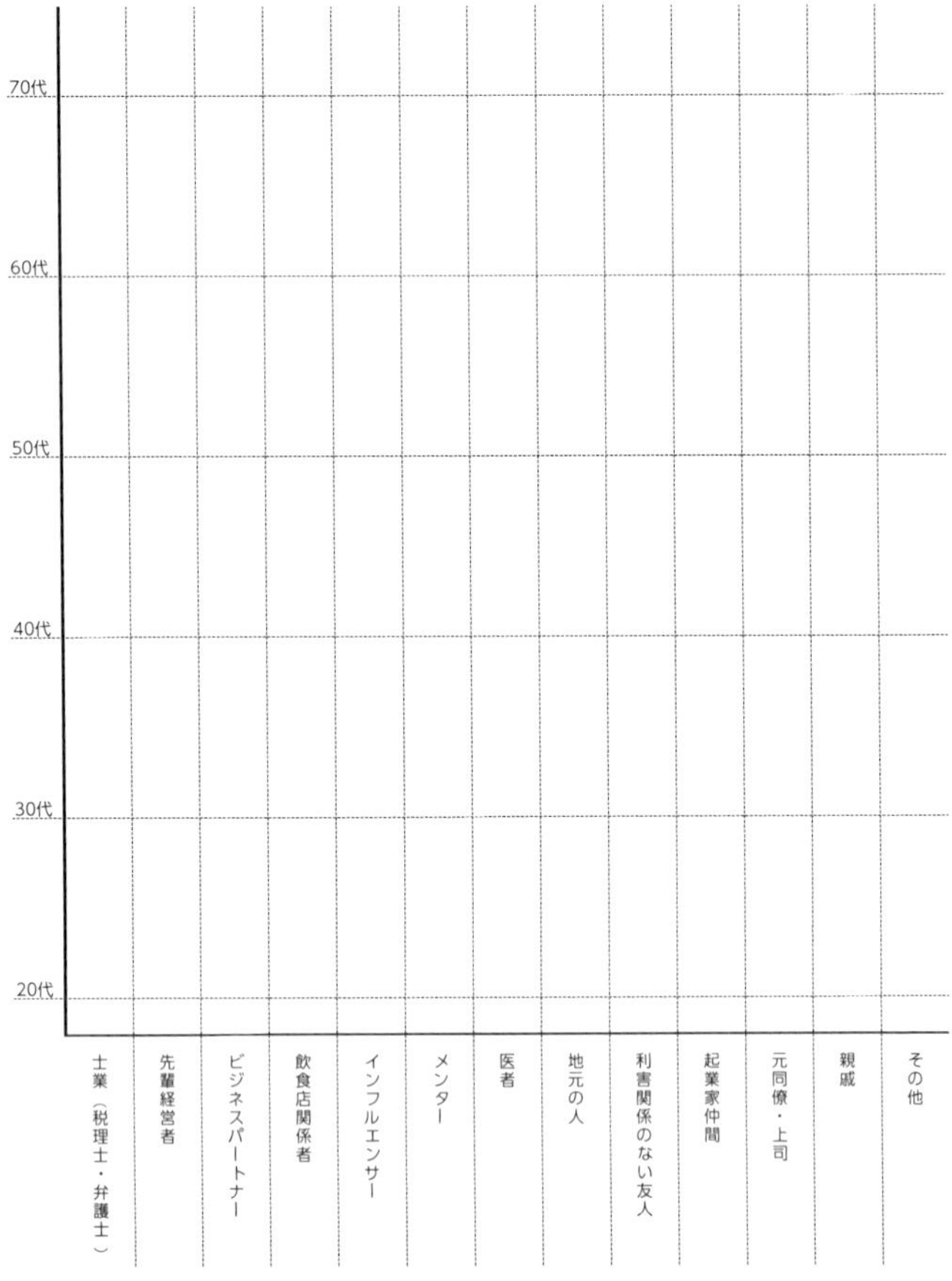

よい人脈を作るためには投資をする（お金を使う）
無理して作るものではない
アウトバウンドはダメ（自分が「メリットのある人間」と思われないと広がらない）
会社員の人脈はビジネス上は役に立たないことが多い

人脈レベル　(強)……個人的な重たい相談を電話でできる、会える人（失業中に仕事の相談ができるなど）
(中)……メールやSNSでメッセージのやり取りができる、たまに会う
(弱)……知り合い、連絡先を知っている

記入例

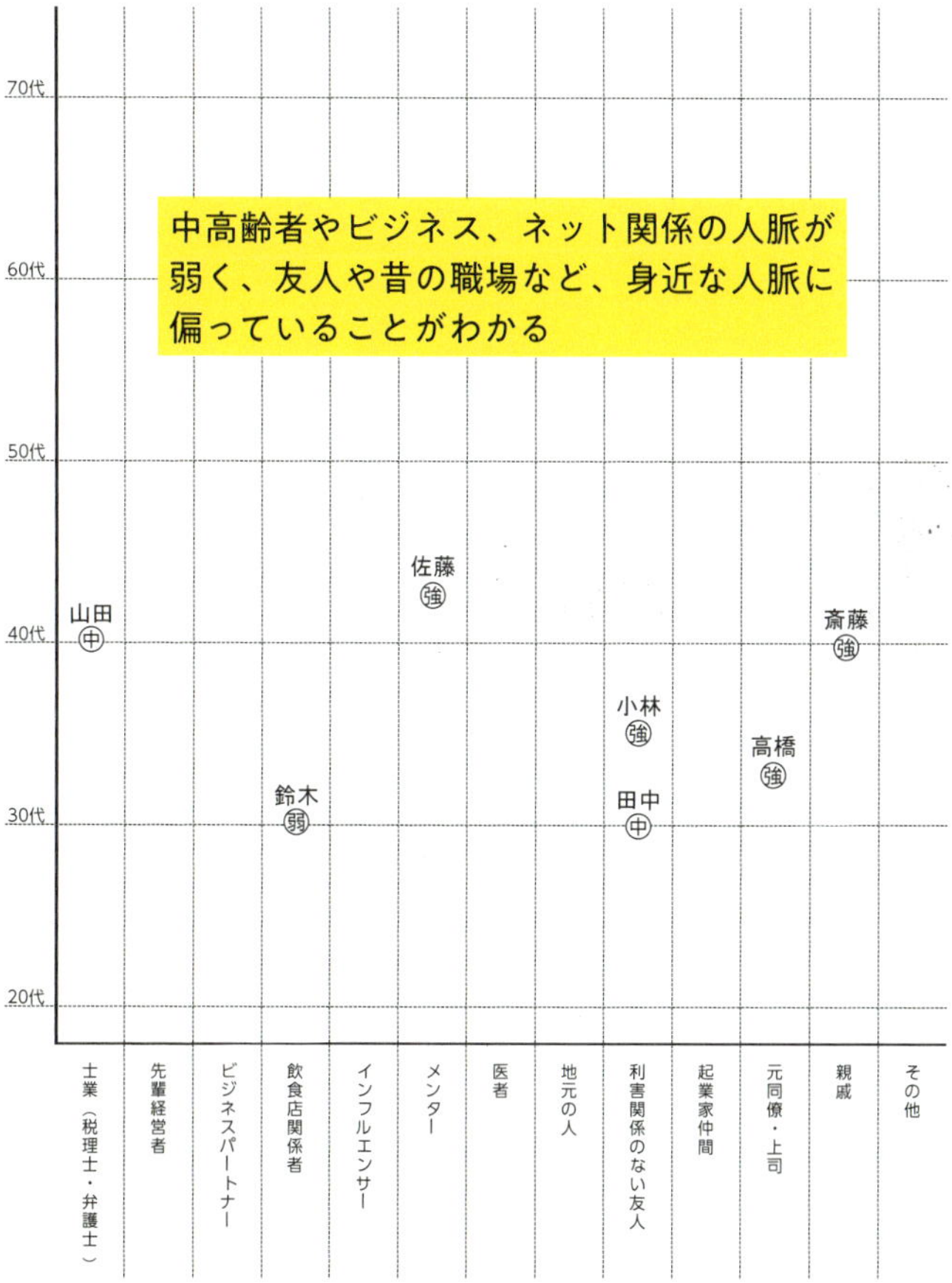

よい人脈を作るためには投資をする（お金を使う）
無理して作るものではない
アウトバウンドはダメ（自分が「メリットのある人間」と思われないと広がらない）
会社員の人脈はビジネス上は役に立たないことが多い

人脈レベル
- 強……個人的な重たい相談を電話でできる、会える人（失業中に仕事の相談ができるなど）
- 中……メールやSNSでメッセージのやり取りができる、たまに会う
- 弱……知り合い、連絡先を知っている

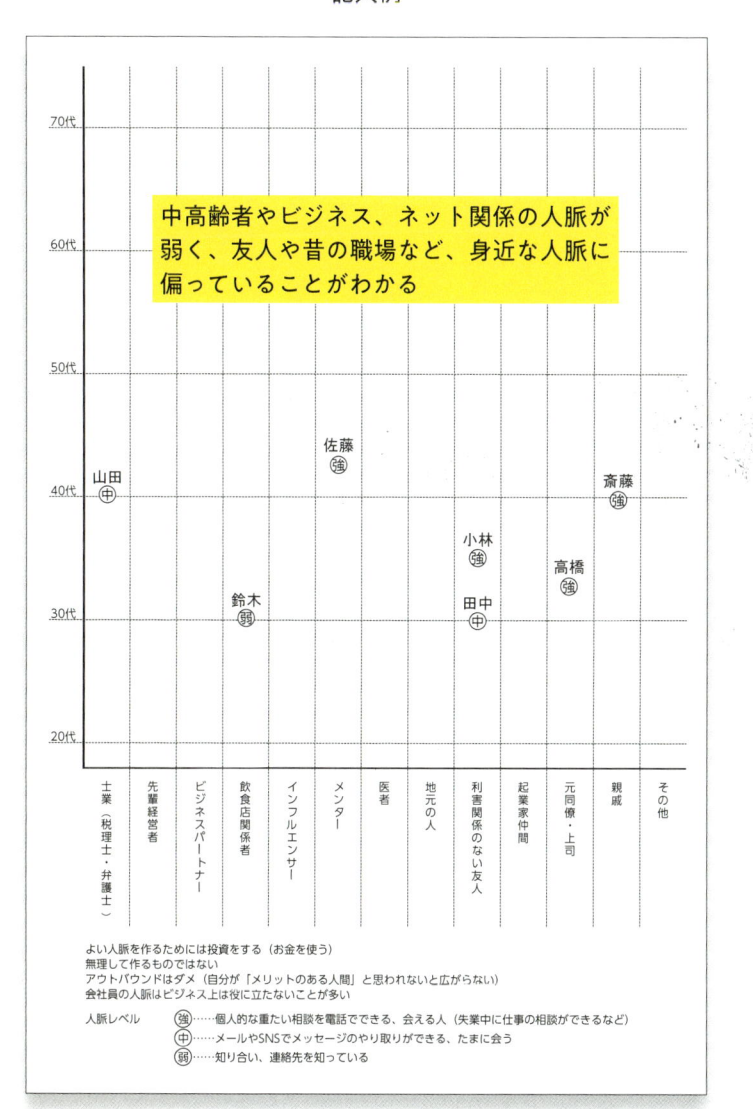

5 時には、頼って甘えていい

次に、やってほしいことは、**メンター探し**です。一般にメンターとは、主に精神的な指導者、助言者として知られている言葉ですが、起業を目指す人にとっても、そのような存在は不可欠です。

この段階では、コンサルタントのような「ビジネスで壁にぶつかったときに解決策を示してくれる人」ではなく、**「あなたの活動を精神的に支えてくれる人」**を探してください。人間的に尊敬できるところがあり、さらに、あなた以上にあなたの成功を信じ、応援してくれる人が、あなたにとって最高のメンターです。

メンターを見つけることは簡単ではありませんが、もし見つかれば、百人力です。親、兄弟、友達、恋人、後輩の場合もあるかもしれません。

「この人と一緒にいると元気になる」「勇気をもらえる」「背中を押してもらえる」、そんな人が見つかったら、積極的にお付き合いしましょう。**どんどん話す機会を設けて、身体全体でその人のポジティブなエネルギーを吸収しましょう**。

起業準備を進めていくと、うまくいかないことがあったり、少し疲れが出てしまったり、本業の会社で嫌なことがあったりすることがあると思います。そんなときにも、メンターに**悪いものを抜いてもらって、前向きになれるチカラを与えてもらう**といいでしょう。

ビジネスの意思決定は、当事者であり責任者であるあなたが下すことですが、ちょっと愚痴を聞いてもらったり、褒めてもらったり、見守ってもらうくらいは、どんどん頼って、甘えてもいいと思います。何より大切なことは、あなたがまた元気になって、チャレンジを続けていくことだからです。

1 「まずは勉強」からという「終わりなき出費」を見直す

次は25点の「金」についてです。

25点の「金」のチカラをつけるには、まず現時点での**「無駄な出費」を洗い出す**ことから始めましょう。すでに家計簿などで月々の出費を把握している人もいると思いますが、いまの自分にとって、何が無駄な出費で、何が必要な投資なのか、きちんと判断できている人はあまりいないでしょう。起業準備に使うお金を無駄にしないためにも、ここできちんと整理しておきましょう。

最初にチェックしたいのは、「とりあえず勉強」という永遠に終わらない出費についてです。

たとえば、こんなお話があります。「占い師」になって起業したいと考えている佐藤さん（仮名）。占いの勉強は奥が深いようで、あれを知ったらこれも知りたくなり、たくさんの知識を得ようとすると、いつまでたっても学習が終わらないそうです。

佐藤さんの知り合いには、いつまでも占い師にならず、勉強だけに数百万円も使ってしまっている人もいるそうです。その人は、常に講座代金の支払いに追われていて、友達付き合いもままならなくなってしまったとか。

こういった類の「専門知識の習得」や「より上位の資格取得のための勉強」には、終わりがありません。本業の仕事を考えればわかると思いますが、専門知識というものは、仕事をしながら日々身につけていくものです。研修ばかりを永遠にやっている会社はありませんし、研修で得た知識よりも、必要に迫られて、冷や汗をかきながら得た知識のほうがしっかりと身についているでしょう。

起業の場合も、本業の仕事と同じことがいえます。教科書の知識を学び続けるよりも、早い段階でビジネスを立ち上げて、仕事をしながら学べる態勢をつくることこそが自身の成長につながります。


このような際限のない学習にはまってしまうのは、**「自信のなさ」が原因**です。なぜ自信がないのでしょうか？

それは、現場に出ず、不安なイメージばかりを膨らませているからです。自信がないから現場に出られない。なので、また勉強をする。そして、お金がなくなって、支払いに追われ……。それを繰り返してしまっているのです。

その負のスパイラルから抜け出すには、発想の転換が必要です。まずは、「これから学ぶ新しいことで起業するのではなく、**いまの自分が持っているものでやってみよう**」と考えてみてください。25点の「知」で棚卸したスキルやリソースを使って何かできないか？そこから始めてみてください。

さらに冷静になって、いわゆる**費用対効果**についても考えてみましょう。

占いの例でいえば、「教科書からの知識をさらに増やすと、それによって時間当たりの単価をいくら上げられるのか」と考えてみてほしいのです。数十万円の講座を受けたら鑑定料がどれほど上がるのか、その知識を得ることで年収がどの程度増えるのかを考えてみましょう。そうすれば、何となくわかるはずです。

占いビジネスで成功したいのなら、占いの専門知識を増やし続けるよりも、**お客様を集めるためのマーケティングの知識**や、**信用してもらうためのブランディング**などに力を入れるほうがよっぽど大事です。広告宣伝にもお金がかかります。その費用はたいていの場合、売上が増える前に、準備しなければなりません。

これは占いに限った話ではありません。資格を取ろうとする人の多くは、「金欠」という同じような問題に直面します。

繰り返しになりますが、大切なのは**実践**です。

これまで仕事で、あるいは趣味でやってきたことをベースにして、知識が足りないと感じたら関連書籍を読んで基礎を整理し、**なるべく早い段階で、友達などを相手に実際にサービスを提供してみる**ことです。占いの場合なら、ワンコインで30分の占いをやってみることです。そうすることで、意外と上手にできることがわかったり、あるいは、その逆だったり、自分に足りないものや、今後やるべきこと、投資するべきものが明確になってきます。

2 高額セミナーには行かなくていい

起業するには、ある程度の先行投資が必要になります。始めるビジネスの内容や、現在持っているリソースによって、額は大きく異なりますが、私自身の場合は、ホームページのサーバー費用、パワーポイントなどのパソコンソフトの準備程度で済んだので、５万円もかかりませんでした。

しかし、最近の起業ブームでは、起業するために大きなお金をつぎ込んでしまう人が増えているようです。最たるものは、起業を学ぶための**起業セミナーへの出費**です。起業塾は、３カ月で30万円、１年で１００万円などの価格が相場ですが、それでもたくさんの人が参加しています。

高額セミナー自体を否定するわけではありません。私自身もスキル向上や経営の勉強のため、一昨年は１２０万円の講座、昨年は30万円の講座と１００万円の個人コンサルティングを受けています。しかし、１２０万円の講座は、１年間、月に一度、１人10分ずつ、先生からアドバイスをもらって終わりでしたし、１００万円のコンサルティングは、1年でミーティングを3回ほど行い、ほかはとくに何もしてもらえないまま終わってしまいました。

起業セミナーに限らず、セミナーや講座というものは、価格が高ければよい情報を得られるというものではありません。起業準備を始めようとしている段階では、いまのあなたが必要としているレベルで、身の丈に合ったものを選択すれば十分だと思います。事業をやりながら、さらにステップアップが必要になったときに、自分自身への教育、研修ということで、さまざまなジャンルの講座を吟味してください。

それでも、50万円、１００万円という高額セミナーやコンサルティングが気になってしまう人に、２つの有効なチェックポイントをお伝えします。

ポイント1　代行サービスが含まれているか？

料金の中に、**あなたのスキルが足りない部分、時間が足りない部分、面倒くさい部分などを代行してくれる**、あるいは**一緒に考えてくれるサービスが入っているかどうか**は、重要なチェックポイントになります。知識を得られるだけでなく、講師側が手、足、頭、人脈を使ってくれる要素があるのとないのとでは、費用対効果の評価は大きく変わってくるからです。たとえば、ホームページを制作してくれる、商業出版ができるように出版社に紹介してくれるなど、スキル、時間、チャンスを買うという感覚になれるようでしたら、検討の余地はあるでしょう。

ポイント2　講師は実績のある人物か？

講師の実績も判断基準になります。セミナー紹介サイトなどの人気ランキングは、仲間同士のサクラレビューや一斉クリックなどで操作することができる場合もあり、突如現れた新人講師や、ほとんど開催実績のない講座が、人気ランキング上位に表示されたりもするので、あまり参考にしないほうがいいでしょう。

信用できるのは、マスコミへの露出度、そして出版の実績です。1冊の実績では、自費出版をする人も多いため判断が難しいですが、多数の書籍を出版している人物であれば、それなりの実績がある人と考えても大丈夫でしょう。書籍を読めば、その人の基本的な考えもわかりますし、起業支援の講座なのに、起業した実績のない講師を選んでしまうリスクも減らすことができます。

3 異業種交流会には参加しないほうがいい

延々と続く専門知識の習得や、超高額の講座など、起業準備の段階で陥りがちな無駄な出費は多々ありますが、それら以外にも、いまは使うべきでないお金として、**異業種交流会の参加費用**や、それに伴う**飲食の出費**があります。

私の経験では、もちろん、すべてがそうだとはいいませんが、起業準備をスタートする段階では、**異業種交流会はほとんど役に立ちません**でした。そればかりか、有害だと感じることもありました。

なぜなら、最近はとくにその傾向が強いようですが、**異業種交流会がネットワークビジネスの狩り場**になっていて、私自身もたくさん勧誘されたり、セミナーに連れ込まれたりした経験があるからです。何も知らずに、運悪くそんな場所に行って、「お金を儲けたい」とか「起業したい」などと話したら、すぐにカモにされてしまうでしょう。

そんなネットワークビジネスの種類は、多岐に渡ります。

旅行、健康飲料、香水、果ては仮想通貨のようなものまで、さまざまなものがあります。

いずれの場合も、「簡単で」「趣味のような感覚でできる」「商品自体はとてもよい」といった形で勧誘が行われます。

「よい商品を勧めているのだから、よいことをしているんだ」と、次々に新しい人を誘っている姿を見ると、私があなたに目指してほしい起業家の姿とは、程遠いものを感じます。

きっぱりと断ることが面倒くさいと思うようでしたら、**最初から近づかない**ほうが賢明です。

4 お金を稼ぐ罪悪感をなくす

25点の「金」のチカラは、ここまでご紹介してきたように、「無駄な出費を知る／見直す」ことから始めました。もうひとつ、**「お金をもらうことに対する罪悪感をなくす」**ことも大切ですので、ここでご説明します。

会社員は、毎月決まったお給料を「会社から」もらいます。そのお金の出所は売上であり、お客様からいただいたものですが、実際にお金を渡してくれるのは会社です。そのため、多くの会社員は、直接、人からお金を受け取って、それを自分の報酬にすることに慣れていません。

とくに、普段から自分に劣等感を感じている人や、人の気持ちに敏感な人、非常に責任感が強い人などは、お金を請求することに罪悪感すら抱いてしまうのです。

それは一言でいってしまえば、**「自信のなさの表れ」**です。実に多くの人が、「自分のこんなレベルの商品（サービス）では、お金をもらえない」と考えてしまい、適正な金額を受け取れなくなっています。

この罪悪感のブロックを外すには、自信を持つしかありません。ビジネスに対する自信は、実績を積んで、お客様に繰り返し喜んでもらうことで育ちます。ですが、この段階では、まだ売れる商品もサービスもないでしょうから、「喜んでいただけるなら、適正なお金をもらっていいんだ」と知っておくだけでかまいません。

もう少し先の段階に進んで商品のアイデアが決まってきたら、同業者の商品を買い、実際にサービスを受けてみることをお勧めします。多くの場合、「こんなもので、この金額を取るんだ⁉」と、気持ちが楽になるはずです。「市場価格はこんなもの」という価格の大義名分も得られるので、罪悪感を持つこともなくなり、「自分はもっとよい商品やサービスを提供できる」という自信も湧いてくるはずです。

さらにその先、実際にビジネスをスタートする段階でも、まだこのブロックが外れていないようでしたら、あなたが負担を感じない価格で売ってみましょう。実績が積み上がるうちに、もう少しもらっても大丈夫だという自信がついてくるはずです。

余談になりますが、起業後、さらなる高額商品の販売にチャレンジするときにも、他社の高額商品を実際に買ってみることをお勧めします。

「100万円の商品を購入したことがない人には、100万円の商品を買う人の気持ちはわからない」からです。

自分が「100万円の支払い」という痛みを経験することで、100万円を払うお客様は、その商品にどれだけ期待を持っているのか、どんなことに価値を見いだしているのか、実際にどれほどのレベルの商品(サービス)が提供されるのかなど、たくさんのことが学べます。

この点については、「金」のチカラがもう少し育ってから、また詳しく説明します。

5 事業用の銀行口座をつくる

25点の「金」のチカラの最後は、**「お金を管理する」**ことの準備についてです。

あなたは、お金を管理していますか？　ざっくりでも、月々の出費がいくらで、いま銀行にいくらあって、お財布にいくら入っていて、来月いくら税金を払わなければいけないのかを把握しているでしょうか？

ぴったり正確な数字である必要はありませんが、起業をするのなら、だいたいの数字を把握しておくことが大切です。そのためには、**お金を管理するためのインフラの準備**、そして**日々の習慣**が必要になります。

まずは、**生活用のお金と事業用のお金を分けて管理する**ことから始めましょう。

個人で事業を始めてうまくいかない人の傾向のひとつに、生活用のお金と事業用のお金を分けて管理していないことが挙げられます。そういう人は、督促が来てから、カードの支払いに充てるお金が足りないことに気づいたり、一時的な残高不足で家賃が引き落とせなくなっていたりするのです。お金を管理していないことによる**信用の失墜は、起業を目指す人にとって大きなダメージ**になります。そのようなことを避けるためにも、この段階から、お金を管理する習慣を身につけましょう。

お金の管理のインフラ準備として、まずは**銀行口座**をつくりましょう。生活費と事業資金の口座を分けるのです。個人で事業を始める場合、**銀行口座を3つ持つ**ことがお勧めです。

ひとつは、**生活費を管理する口座**です。いま使っている口座が、これに当たると思います。本業からの給料の振り込み先で、食費や光熱費、家賃、旅行やプライベート用の買い物、娯楽などに使うお金を管理する口座です。

新しくつくってほしいのは、**事業用のお金をまとめて管理する銀行口座**です。始める事業によって異なりますが、たとえば、最初に5万～10万円ほど入れておき、そこからビジネスの立ち上げにかかるお金を使っていきます。**事業用のクレジットカード**も新しくつくって、この口座と結びつけておくと、いろいろ便利です。セゾンカードや楽天カードなど、無料でつくれて、ネットで簡単に利用状況がわかるものがいいでしょう。**交通系のI**

Cカードも利用できるようにしておけば、移動の履歴も印刷できて便利です。

もうひとつつくっておきたい口座は、**税金を払うためのお金を別に残しておく口座**です。これは、うっかり使ってしまうことを防ぐためのもので、絶対に必要なわけではありませんが、あると意外と便利です。税金を払うようになるのはもう少し先ですが、ついでにつくっておくといいでしょう。

事業用の口座に入れたお金は、開業準備のためのものですから、積極的に投資をしていきましょう。この段階では、調査のための本の購入や、ちょっとした交通費程度の出費しかないと思いますが、これまで生活費を節約してきたような感覚は捨てて、**起業に必要なお金は使っていく**ようにしましょう。

どの銀行につくればいいのか

事業用の口座開設は、**ネット銀行**がお手軽でお勧めです。わずかですが、金利も比較的高いところが多く、何より便利なのは、**入金などの取引があったときにメールをくれる機能がついている**ことです。この機能があるのとないのとでは大違い。ビジネスを始めると、本業の仕事をしながら、時間を決めていちいち入金を確認することなどできません。

では、どのネット銀行を選べばよいでしょうか？　迷うところだと思いますが、それぞれ特徴があるので、ネットで最新情報を検索して、比較してみるといいでしょう。

外せない基準としては、前述の**「取引通知メール」の機能**です。ほとんどのネット銀行に標準的にある機能ですが、一応確認をしておきましょう。

そして、細かいところでは**各種手数料**。ほかの口座にお金を振り替えるときなどにかかってくるので、なるべく抑えたい出費です。

私のお勧めの銀行は、**ジャパンネット銀行**、**楽天銀行**です。ジャパンネット銀行は、2019年6月現在、月1回であれば提携ATMからの入出金が無料になっています。また、3万円以上であれば、いつでも何回でも無料。起業したての頃は、とくにATMから少額の現金を何度も出し入れすることがあるので、大変嬉しい設定になっています。インターネットバンキング利用時の振り込み手数料も、ジャパンネット銀行間なら54円と低額です。

便利なネット銀行の例としては、前述のジャパンネット銀行、楽天銀行のほかにも、**住信SBIネット銀行**、**じぶん銀行**などがあり、それぞれの特徴にわずかな違いがあります。

たとえば、ａｕの利用者には、じぶん銀行が便利です。銀行振り込みの回数が多くなる場合には、住信ＳＢＩネット銀行が割安です。物販のための仕入れなどでカード払いが多い場合には、楽天カードと楽天銀行のセット利用が、金利やポイント還元の面でとても魅力的になります。

銀行口座は、自分の生活環境に合うものを選んで活用しましょう。この段階ではよくわからないようでしたら、とりあえずどこかに口座を開設して、あとで、もっとよさそうな条件の銀行に変えてもかまいません。

第3章

2カ月までにやる売るものを決める

――アイデア出し&商品づくり

アイデアはなくて当たり前！　むしろ「ある」という人はやり直し

第2章では、最初の1カ月でやることを整理しました。好きなことや強みについて考えること、スキルやリソースを洗い出すこと、そのほか、お金の使い方などについても説明しました。2カ月目からは、いよいよ売るものを具体的に決めて、起業に向かって動き出していきます。

「まだ、何もビジネスアイデアがないのですが……」

こういいたくなる人が多いと思います。それで大丈夫です。まだアイデアの見つけ方や、ちょっとした洗い出し、少しの事例を見ただけなので、詳細が固まっていなくて当然です。

実は、そういう人のほうがうまくいくのです。この段階で、思い込みの我流で、実現できそうもない妄想を膨らましていても仕方ありません。**アイデアは、実現できなければ、なんの意味もありません**。

昔、こんな人がいました。その人は、B級グルメの食べ歩きが趣味の40代の男性会社員の遠藤さん（仮名）。本業の広報部門での経験を活かし、広告コピーを書くコピーライターとして起業の準備をしていました。コピーライティングは利益率も圧倒的に高いので、月に数本の仕事が取れれば、本業の収入を軽く超えてしまいます。

まずは、そのレベルを目指し、「知」「人」「金」のチカラを伸ばしていけばよかったのですが、彼は違いました。彼は次々と妄想を膨らませ、コピーライティングのスクールを設立し、スクールと提携するライター協会を立ち上げて、その協会がコピーライティングの認定資格を発行していく……と、壮大なビジネス計画を描いていました。

確かに、そのようなビジネスモデルの構築は、もっと成長したあとの段階になれば現実的ですし、フリーランスのコピーライターで終わらず、企業の経営者となるためには必要なプロセスであるともいえます。ですが、そのときの彼には目標が大きすぎて、「何から始めたらいいのかわからない」となってしまい、結局、「自分にビジネスはできない」と、すべてをあきらめてしまったのです。

あの野球の天才、イチロー元選手も、自身の引退会見で、「一気に高みに行こうとしても、いまの自分とのギャップが苦しくなり、それは続けられなくなる」という趣旨のことをおっしゃっています。起業の場合も、まったく同じことがいえると思います。


では、遠藤さんはどうすべきだったのでしょうか？

やはり、アイデアを小さくし、現実的なサイズまで落とし込むべきだったでしょう。「まず、コピーライティングの仕事を月1本取る」ことを目標にしていれば、結果はまったく違ったものになったはずです。

会社員として身につけたコピーライティングの「知」があるのですから、次に「月1本受注するために何をしようか?」と考えれば、「では、誰に会いに行こうか?」「顧客を紹介してくれる人は誰か?」「広告宣伝にはいくら必要か?」など、書き切れないほどの課題が見つかったはずです。それらを準備すべき「知」「人」「金」のチカラ別に洗い出して整理し、バランスよくやっていけば、とりあえず起業できたと思います。

さらに、たとえば彼が趣味のB級グルメに着目して、インスタグラムなどから地元飲食店の魅力を発信し、それがきっかけでお店に行列ができるようになれば……。彼は、経験から得た知を活用することで、行列の仕掛人として地元の飲食店の人(見込み客)と話ができるようになり、強みを活かして、さらに上を目指すことができたでしょう。本業の給料から必要なお金を捻出しながら地道に続ければ、当初描いていた大きな目標に向かって進めたはずなのです。

「すでにビジネスアイデアがある」という人ほど、いまの自分には実現不可能なレベルの大きな構想や夢を語りがちです。このステージでは、**夢を小さな現実のステップに落とし込む**ことが大切です。

「1人でできるサイズ」にすれば、スムーズにいく

前述の遠藤さんの話ではありませんが、最初からあれこれアイデアを膨らませすぎると、何もできなくなってしまいます。まずは**自分1人、お客様1人でスタートできて、なるべく時間をコントロールしやすい、お金のかからないビジネス**を考えましょう。たくさんの人を巻き込まないとできないもの、大きな資金や借入が必要なもの、平日の昼間に顧客企業を訪問しないとできないものといった大きな話になると、本当に一歩も動けなくなります。

大きな利益は出せずとも、自分1人とお客様1人で売買すれば成立するようなビジネスが理想です。会社員であれば時間が限られ、ビジネスに投資できる金額も限られてくるので、そんな極小サイズがちょうどよいのです。

よく、「神様は乗り越えられない試練を与えない」といったりしますが、私たちも、自分自身に大きな試練を課さないように気をつけなければいけません。

大きな試練や難しい課題に直面すると、チャレンジすることよりも、回避することを優先したくなります。回避に走れば、次第にビジネスから目を遠ざけるようになり、現実逃

避のように「知」の習得だけに走ってしまったり、「やっぱり自分にはできない」と、サラリーマンで居続けることを選択してしまったりすることになります。

ですので、この段階でのビジネスアイデアは、**1人で頑張ればできる程度に小さくまとめておきましょう**。「スクール、協会設立、資格発行」と聞くと、かなり大変そうな気がしますが、「自分1人、お客様1人、商品のキャッチコピーを30個書いてあげたら終わり」くらいにすれば、できそうな気がしませんか?

まずは1円を稼ぐことから

会社員のまま起業準備を進めるのですから、仮に最初の事業がうまくいかなかったとしても、生活ができなくなるわけではありません。気持ちさえついていてくれれば、何度でもチャレンジを続けられるため、「1人でできるサイズ」で起業準備を進めていけば、ある程度の時間はかかりますが、**成功率がとても高くなります**。

それでも、全員が起業できるわけではありません。これほど手堅く、リスクの低い手法であるにもかかわらず、毎月、数パーセントの人が脱落していきます。そんな起業できない人には、共通している性格があります。それは、「あきらめが早い」ことです。「えっ?

もう挫折しちゃったの？」と驚かされてしまうこともあります。

とはいえ、「努力が足りない」「成功するまであきらめるな」などの根性論が時代に合わないこともわかっているつもりです。かといって、「誰でも簡単に」「すぐに」「これさえやれば起業できる」などと、嘘で煽《あお》ることもしたくありません。

では、いったいどうすれば、あきらめずにチャレンジを続けることができるでしょうか？

答えは、「1日も早くお金を稼ぐ」ことです。お金を稼ぐといっても、大きなお金である必要はありません。0を1に変えることです。つまり、1円を稼ぐこと。これは想像以上に大きなモチベーションにつながります。

お金を稼ぐためには、お客様に何かを売る必要があります。それには、すぐに始められるシンプルなビジネスを選ぶことが大切です。お客様に喜ばれ、自分が求められている実感が得られれば、あきらめるどころか、楽しくてやめられなくなります。シンプルなビジネスの見本は、ネット上のスキルシェア系のポータルサイトにたくさん掲載されています。あなたも真似をして、そうしたサイトにサービスを掲載してみてはいかがでしょうか？

〈スキルシェア系サイト〉
ANYTIMES　https://www.any-times.com/
Lancers　https://www.lancers.jp/
ココナラ　https://coconala.com/
シュフティ　https://app.shufti.jp/
タイムチケット　https://www.timeticket.jp/

スキルシェア系サイトを見て、自分にできそうなことが見つからない場合には、メルカリやヤフオクなどをチェックして、売れそうなものをリサーチしてみるのもいいでしょう。ネット上で仕入れて転売してみたり、家電量販店やドン・キホーテなどで掘り出し物を探してみたりするのも、面白いかもしれません。

きっと何か見つかると思います。世の中には、ほかにない面白いビジネスを思いつく人もいますが、そこまで辿り着けなくても、あなたが人のためにできることは、きっとあるはずです。

需要があって、できそうなことを見つけたら、自分の好きなことに寄せていったり、好きな人を対象にしたり、好きな時間や好きな場所で作業したり、より続けやすい環境をつくっていきましょう。

楽しくて、時間が「あっ」という間に過ぎる趣味にヒントあり

いかがでしょうか？　スキルシェア系サイトでヒントが見つかりましたか？　もし「資格も何も持っていないし、スキルなんてないよ」と思うようなら、「生活ログ」をもう一度見直してみてください。「なぜかいつも幹事役」など、理由はわからないけど多くの時間を割いていることの中から、「自然に身についていて、できること」を見いだすことはできませんか？　シェフの名前を後づけした創作料理がたくさんあるように、スキルにも、正式な名前がついていないものがたくさんあります。

また、時間を忘れて没頭していることや、「もしかしたら、これって趣味？」と思うものはありませんか？　「自分には遊んでいる感じしかしなかったけど、いつの間にか人並みにできるようになっていたこと」も、立派なスキルです。

たとえば、起業18フォーラムの会員さんに、こんな人がいます。高瀬さん（仮名）の本業は家電メーカーの営業パーソン。彼は、趣味で始めたカラオケサークルを主宰して収入

を得ています。

彼の趣味はカラオケで、原曲キー設定のまま、高音で思いっきり歌うのが大好きでした。多くの友人から「どうしたらそんなに高い声が出せるの？」と質問をされてきた彼は、1人でカラオケに通って試行錯誤し、より高い音を出せるようになる身体の使い方、簡単にできるトレーニング方法を編み出しました。

後日、そのノウハウを友人たちに披露したところ、高音が裏返ったり、出なくなったりすることが減り、「カッコよく歌えるようになった！」と喜ばれたのです。

現在、彼はカラオケサークルを主宰しながら、希望者に原曲キーで歌える高音の出し方を教えることで、継続的に収入を得ています。

このビジネスなどは、彼の職歴からは離れたものです。同僚や友人とカラオケに行ったときの、**趣味のエピソードから生まれたもの**です。ビジネスにつながるネタは、自分の中のどこかにあるはずです。仕事、プライベート、家庭など、いろいろな自分に着目して、ヒントを探してみてください。

さあ、そろそろ決断・決定するときです！

次からは「知」「人」「金」の3つを50点にしていきます。

1 「想像・連想」して「寄せる」

ここからは、「知」のチカラを50点まで高めていきます。ここまで洗い出したアイデアや、あれこれイメージしてきたモヤモヤを、「これにしよう」と決めるステージです。

まず、商品の決定から。起業を目指すのですから、商品がなければ何も始まりません。

「商品づくりかぁ……。難しそうだな」

そんなふうに思う人もいるでしょうが、順番通りに決めていけば大丈夫です。とりあえず、やってみましょう！

まず、チェックするのは**世の中の需要**です。一定数の人が強く求める**「ウォンツ」（消費者の欲求）がなければ、ビジネスは成立しません**。しかしながら、「好きなこと＝人が強く求めていること」であればいいのですが、そうはいかないことがほとんどです。ですので、ウォンツをきちんと見極めた上で、自分のやりたいこと、できることを、そこに寄せていく必要があります。

「ウォンツのチェック」といわれると、マーケティングリサーチなど、ちょっと難しそうなイメージがあるかもしれません。ですが、そこまで深く考えないでください。やることは、次にご紹介するA、B、Cだけで、とてもシンプルです。

A　情報バラエティー番組や、ネットニュースをチェックする

まずチェックしたいのがテレビの情報バラエティー番組です。各局、さまざまな番組があるので、いくつかをチェックし、以下の5つのポイントについてメモを取りましょう。

・法律の変化、規制緩和など
・技術の進化、移転など
・大企業の動向、発表など
・世の中のトレンド情報など
・みんなが「気をつけよう」と思うことなど

これらの出来事は、世の中の流れを変えていくきっかけになるものです。税金が上がるとか、外国人労働者が増えるとか、自動運転が実用化されるとか、定年退職の年齢が引き上げられるとか、今後もさまざまなニュースが報道、解説されることと思います。

B　身近に起こる変化に落とし込む

次に、Aで書いたメモを見ながら、その出来事によって、自分のまわりの人たちにどのような影響があるか、どのような問題が生じるのか（変化）を想像します。その結果、**何が強く求められるようになるのか（ウォンツ）を連想していきます**。想像しやすくするために、変化を以下の4つのカテゴリに限定してみましょう。

- その出来事があると、身近な人の「お金」に起こる変化
- その出来事があると、身近な人の「仕事」に起こる変化
- その出来事があると、身近な人の「恋愛」に起こる変化
- その出来事があると、身近な人の「健康」に起こる変化

たとえば、税金が上がると、「会社員のお小遣い（可処分所得）が減る」→「エステサロンなどへの自己投資が減る」→「サロンへの集客コンサルティングが求められる」などと連想します。

同様にいろいろなパターンを考えていきます。「自動運転が実用化される」→「タクシーの運転手さんが失業、不安を抱える」→「AI、ITに負けない働き方を教えるキャリアコンサルティングが求められる」とか、「外国人労働者が増える」→「日本人と結婚したい外国人が増える」→「外国人との出会いやトラブル相談の場が求められる」とか、「定年退職の年齢が引き上げられる」→「早期退職制度で人員整理をする大企業が増える」→「不安や再就職難でメンタル不調になる人が増える」→「再就職支援や心のケアが求められる」など、勝手な連想でかまいませんので、さまざまな組み合わせを考え、たくさんの連想をしてみてください。

C　連想した「ウォンツ」に、自分のやりたいこと、できることを寄せる

「お金」「仕事」「恋愛」「健康」は、人の悩みの代表格です。これらの変化に対して、私たちは日々、不安や痛みを感じる一方で、快楽を追求したくなります。その「痛みからの

逃避」と「快楽の追求」が「ウォンツ」であり、ビジネスのヒントになります。

たとえば、お金なら、「収入アップ」「老後に困らない資産管理」などのウォンツがあるかもしれませんし、「金運」などに興味を示す人も多いでしょう。「仕事」なら、「処世術」「時短」などもあるでしょうし、「部下・上司との人間関係の改善」はウォンツの筆頭格でしょう。

このような「ウォンツ」をサポートしてあげることができれば、それがあなたのビジネスになるわけです。

では、ここからは、自分の「やりたいこと」「できること」を、Bで挙げた「ウォンツ（痛みからの逃避や快楽の追求）」に寄せていく作業に入ります。

仮に、前章までに洗い出した情報が、以下のようなものだったとします。

・好きなこと→人のお世話をすること、インスタグラム、料理、ファッション
・やりたいこと→よくわからない
・できること→お酒が強い、事務作業が苦にならない
・その他リソース→独身の女友達がたくさんいる、会社がオジサンだらけ

A
情報バラエティー番組をチェック
（雑誌でもOK！）

B
身近なウォンツを連想する

C
自分の好きなことやできることで、
Bのウォンツをサポートする

これらの内容を、Bで挙げた「ウォンツ」と一緒に見ていきます。

たとえば、この例から想像しやすいものとして、「外国から来る人と女友達を集めて、婚活パーティーをする」とか、「イケメン外国人と英語縛りの飲み会【居酒屋留学】を開催する」とか、「リストラ対象にならないための『印象アップ術ハンドブック』をつくって配布する」といった案が出てくるかもしれません。

面白そうだと思うことやワクワクすることを、たくさん書き出してみましょう。

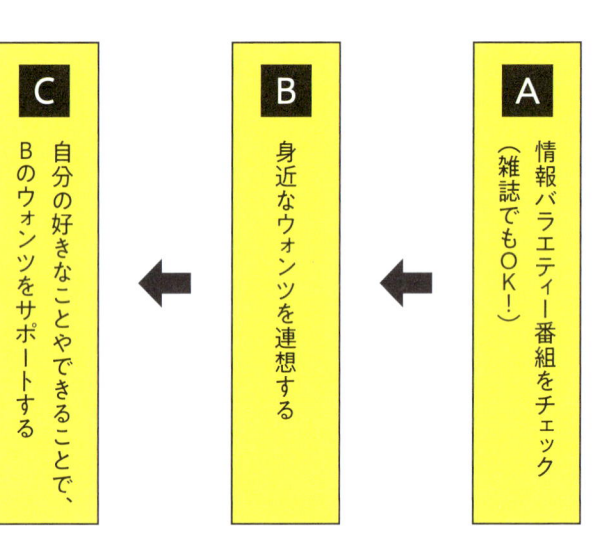

2 好きなことそのものを商品にする必要はない

前項のCの作業をするときに、注意すべき点があります。それは、**「自分の好きなことやできることを、そのまま商品にする必要はない」**ということです。

たとえば、「料理が好きだから料理教室」とか、「事務が得意だから事務代行」のように、「好きなことや、できることを、そのまま商品にする」ことだけをイメージしてしまうと、「でも、教えられるほどじゃない」「でも、やりたいわけじゃない」と、うしろ向きの発想ばかりが出てしまいます。

そこを、「料理はどこかに組み込めればいい」とか「事務ができることを活かせればいい」くらいに考えれば、「外国から来る人と女友達を集めて、郷土料理を楽しむ婚活パーティーをして、インスタで発信する」などの発想につなげることができます。「野球が好きだから野球選手になる」もよいのですが、それが**すべてではありません**。

いかがでしょうか？　ここまでで、いくつかのビジネスアイデアが思い浮かんだかもしれません。もし、「まったく出てこない」「好きなことが何もわからない」という場合は、もう少し時間をかけて、じっくり考えてみてください。会社員のまま始めるのですから、焦る必要はありません。

それでも、どうしても出てこないのでしたら、もしかすると、あなたは自分で事業をつくり出すタイプの起業に向いていないのかもしれません。ですが、仮にそうだとしても、あきらめる必要はありません。そんなタイプの人には、既存のビジネスパッケージを使って起業する「フランチャイズ起業」や、どこかの会社の商品を使って、セールスやアフターサポートだけを行う「代理店起業」などの方法もあります。あきらめさえしなければ、道は必ず拓けます。

〈フランチャイズや代理店を探すサイト〉

アントレ　https://entrenet.jp/

ビジェント　https://www.bgent.net/

マイナビ独立　https://dokuritsu.mynavi.jp/

3 「理想の顧客」1人をイメージできるまで絞り込む

いくつかビジネスアイデアが浮かんだ人は、次に進みましょう。次にやることは、「お客様の絞り込み」です。先ほどの例でいえば、「誰のため」の婚活パーティーなのか、理想の顧客像をはっきりさせます。

実は、ビジネスを立ち上げたあと、思うように集客できずに苦しんでいる人たちに共通しているのが、この「お客様の絞り込み」の「甘さ」です。ここは曖昧にせず、きちんと決めていく必要があります。

さっそく、「誰のため」について考えていきましょう。まず、最も理想的なパターンである「身近に、自分のビジネスアイデアに関心を持ってくれそうな友人や知人がいる場合」からです。先ほどの例でいえば、たくさんいる独身の女友達の中に、外国人との出会いに興味を持っている人がいる場合や、郷土料理を楽しむ婚活に興味を持っている人がいる場合になります。もしかすると、そのお友達がお客様第一号になるかもしれません。

このように興味を持ってくれる人がいるなら、すぐにでもそのお友達にアプローチし、自分のアイデアを話して、たくさんの意見をもらってください。アイデアをより具体化して、「そのお友達のような人（理想の顧客）」をたくさん集められるようになれば、ビジネスを軌道に乗せることができます。

では、「そのお友達のような人（理想の顧客）」とは、いったいどんな人なのでしょうか？そこをきちんと言葉にして、プロフィールとしてまとめておきましょう。たとえば、次のような絞り込みです。

①何に困っていて、どうなりたい（したい）と思っているのか？
②何をもっと楽しみたいと思っているのか？
③何のために、そうなりたい（したい）と思っているのか？
④どのような方法で、そうなりたいと思っているのか？
⑤たとえそうなれるとしても、受け入れられない方法は何か？
⑥何歳か？
⑦性別は？

⑧家族構成は？
⑨住んでいる地域、勤めている地域はどこか？
⑩職業は何か？
⑪収入は？
⑫情報源は何か？（テレビ、新聞、本、雑誌、SNS、ニュースアプリなど）

ほかにも知りたいことはありますが、長くなるので、このあたりをノートにまとめておきましょう、⑥以降は、実際に本人を見た上でなら、多少の想像が入ってもかまいません。今後は、このような人に向かって情報を発信し、関心を持ってもらったり、共感してもらったりしながら、サービスを提供していくことになります。

身近に関心を持ってくれる人がいない場合は？

しかし、実際には、自分のビジネスアイデアに関心を持ってくれそうな友人や知人がいることは稀です。そういうときは、**アイデアを身近な人のウォンツに寄せる**か、**身近な人のウォンツの中からビジネスアイデアを出す**か、**いまのアイデアに関心を持ってくれる人**

を探すかのいずれかを行う必要があります。それぞれのメリット、デメリットを挙げます。

〈いまのアイデアを身近な人のウォンツに寄せる〉

メリット→とりあえず始められる

デメリット→時流、やりたいことから外れる可能性あり

〈身近な人のウォンツの中からビジネスアイデアを探す〉

メリット→とりあえず始められる

デメリット→アイデア出しのやり直し感あり

〈いまのアイデアに関心を持ってくれる人を探す〉

メリット→やりたいことができる

デメリット→顧客がなかなか見つからない可能性あり

一歩戻るような感じになりますが、これは決して無駄なプロセスではありません。ここまで考えてきたベースがあるからこそ、ここで見えてくること、わかることがたくさんあ

り、本当の自分に出会えるきっかけにもなるのです。

どれも難しいと感じても、あきらめないでください。そのようなときは、**「過去の自分のウォンツ」に着目する**方法もあります。「あの頃の自分の前に、こんなものが出てきたら、絶対買っただろうな」と思える商品（サービス）を考えてみてください。

実は、私自身、いまもよく話す昔からの友人は1人しかいませんし、ビジネスをするまで、身近に相談できる相手はいませんでした。ですので、起業支援について考えたときは、「会社に行くのが苦しかった」「起業してまわりを見返したかった」という過去の自分を思い出し、求めていたものをそのままサービスにすることから始めました。そして、集まってくださった会員さんやビジネスパートナーたちの意見も取り入れて現在の形になり、いまも進化を続けています。


この「誰のため」について考える際に、気をつけてほしいことがあります。それは、過去の自分を含めて、**都合のよい架空の人物をつくり上げてしまったり、「20代女性向け」のようにターゲットを広げすぎたりしてしまう**ことです。

迷いがある場合には、実在する人や会社を3～5人（社）くらい候補に挙げてみましょう。これについては、次の項で、より詳しく見ていきます。

4 アイデアをさらに具体化する「4つのビジネスモデル」

ここまで考えてきたことをまとめると、次ページのような表にできると思います。プロフィールにアイデアをちょっと書いてみたり、元々考えていたアイデアにマッチする人をさらに探したり、書けるだけ書き出してみましょう。「誰のため」は1人かもしれませんし、まだ絞り込めていないなら、たくさんの人が出てくるかもしれません。

次に、ビジネスアイデアを**「4つのタイプ」**に分けて考えます。のちほど、いまのアイデアを、この4つのタイプに当てはめていきますので、このまま読み進めてください。

第1のタイプは、モノを売る**「プロダクト系」**ビジネスです。メーカーになる人、代理店になる人、輸入商社になる人など、さまざまです。

小売りをする場合には、メルカリやヤフオク、Amazon、BASE（ベイス）などのネットショップ（モール）を利用することが多くなりますが、中には実店舗に委託在庫として商品を置いてもらい、販路をつくっていく強者もいます。

誰のため	プロフィール	ビジネスアイデア
佐倉美保（40）女性 一人暮らし、東京都練馬区在住、勤務先は日本橋。営業事務、年収350万円。情報源はLINEニュースとインスタ。	出会いがなく、早く彼氏が欲しい。外国人と英語で話すのが楽しい。結婚について親がうるさい。婚活でも合コンでもお見合いでもかまわない。同じ会社の同僚は避けたい。	外国人との料理婚活パーティー
武田千紘（32）女性 シェアハウス暮らし、東京都世田谷区在住、勤務。教員、年収320万円。情報源はツイッターとネットニュース。	出会いはあるが、いまは彼氏なし。結婚より、もっと毎日を楽しみたいと思っている。将来への漠然とした不安があるので、正社員を辞めるつもりはない。	外国人との国際交流パーティー
佐々木幸男（46）男性 3人家族。子供は小学生。神奈川県川崎市在住、勤務先は横浜市。経理担当、年収550万円。情報源は日経新聞、フェイスブック。	退職か出向か二択を迫られ、子会社に移籍。減給でプライドをズタズタに。子供が小学生で退職できない。収入も回復させたい。転職は難しく、最近、やや鬱っぽい。	再就職できる「印象アップ術ハンドブック」をつくり、スカイプで面談して励ましてあげる
自分（28当時）女性 一人暮らし、埼玉県さいたま市在住、勤務先は池袋。派遣社員、年収270万円。情報源はインスタとファッション誌、テレビ。	正社員との待遇格差にいつも不満だった。ファッションに興味があるが、お金が足りない。洋服を見たり着たりするのが楽しい。アルバイトは嫌。仕事を転々としたくない。	（当時、強く求めていたものを、あとで思い出して書く）

販売商品は、起業18フォーラムの会員さんたちを見ても多岐に渡っています。家電を量販店から仕入れて、ネットで転売をする人もいれば、タイからの輸入生地で日傘を製作する人、雑貨を中国から輸入してオリジナルブランドとして日本で販売している人もいます。そのほかにも、次のような事例もあります。

Sさん（26歳）プラモデル（ジオラマ）製作販売
始めた理由：元々の趣味の延長
Kさん（33歳）オリジナルブランド雑貨の仕入れ（中国）販売
始めた理由：パソコン好き、不用品をヤフオクで売った経験を活かそうとして
Iさん（39歳）レンタル自転車
始めた理由：とくにスキルもなく、教えるのも苦手なのでモノを扱うことに
Aさん（42歳）コスメ製品のネット販売
始めた理由：展示会を見るのが好きで業者にコネができた
Sさん（52歳）海外家電メーカー代理店業
始めた理由：日本で売りたいと思い、メールで交渉して取引成立

プロダクト系のよいところは、時間の融通が利きやすいこと、そして、実店舗やAmazonなどから売れば信用力があるため、扱うモノさえよければ、すぐに売上を上げられることです。

一方、デメリットとしては、初期投資が高額になりがちなこと、単独のネットショップを立ち上げた場合、信用力も集客力もないので、なかなか売れないこと（在庫リスク）、中古品を仕入れて転売する場合、古物営業許可が必要になることなどがあります。

第2のタイプは、「スキル・サービス系」です。自分ではできない（効率的ではない）、時間がない、面倒くさい、恥ずかしいなどと感じている人を対象に、これまで培ったスキルやリソースを活かして「代わりにやってあげる」サービスを提供するものです。ホームページ制作、翻訳、マッサージ、掃除などが代表例です。以下は会員さんの事例です。

Nさん（28歳）賃貸アパートの猫用リフォーム
始めた理由：自宅の施工経験から
Kさん（34歳）検索エンジン広告の運用代行
始めた理由：前職のスキルの延長

Sさん（37歳）販促バナーのデザイン
始めた理由：前職のスキル＋リソース（まわりにニーズが多い）の活用
Yさん（40歳）フォレンジック調査（不正アクセス調査）の提供
始めた理由：前職のスキル＋リソース（業界人脈）の活用
Dさん（50歳）旅館集客のサポート
始めた理由：友人の経営する旅館の相談に乗っているうちに本業化

スキル・サービス系のメリットは、自分のスキルや活用できるリソースなどを理解さえしていれば、すぐにでもビジネスが始められることです。設備投資が必要になることもありますが、スキルシェア系サイトなどを利用すれば、集客も容易です。

デメリットとしては、時間の切り売りになりがちだということ。提携先などの下請けをしてくれる人に仕事を出さない限り、多くの案件をこなすことはできません。したがって、客単価を高められない場合は、収入がすぐに頭打ちになる恐れがあります。

第3のタイプ「**ノウハウ系**」は、自分の経験から身についたノウハウや情報を伝えるビジネスです。たとえば、仕事術、さまざまな問題の解決方法など、人が知りたいと思うことを、セミナーやインターネットなどで伝えます。会員さんの事例を紹介します。

Hさん（32歳）ビジネスパーソン向け時間管理講座
始めた理由：自分の経験を伝えたいという思いから
Iさん（33歳）ブログアフィリエイト講座
始めた理由：ブログを書くのが好きだったため、それをサービス化
Yさん（41歳）時短料理レシピ提供・アドバイザー
始めた理由：前職のスキル＋趣味の延長
Mさん（42歳）ビジネスパーソン向けお笑いコミュニケーション教室
始めた理由：お笑いが好きなので研究した結果
Aさん（55歳）商店向けSNS集客コンサルティング
始めた理由：前職のスキル＋好きで独学してきたことの延長

ノウハウ系のメリットは、セミナーの開催場所や時間をこちらで決められたり、講座の動画をネットで配信したりするなど、場所や時間の融通が利きやすいことです。そして、成功した場合、利益率が圧倒的に高くなることも大きなメリットです。

デメリットとしては、ノウハウの体系化に頭を使うこと、そして、専門家として信頼されて、安定的に顧客を獲得できるようになるまでに、比較的長い時間がかかることです。

最後、第4は「スペース・チャンス系」です。民泊などの不動産事業を含め、コミュニティ運営やマッチングなどの機会提供を行うビジネス全般を含めます。本書でたびたび紹介しているスキルシェア系サイトも、この「スペース・チャンス系」のマッチングビジネスのひとつです（サイトの利用者は「スキル・サービス系」の事業をしている人が多くなっています）。以下は会員さんの事例です。

Tさん（25歳）歌好きのためのカラオケサークル主宰
始めた理由：飲み会ではなく、好きな歌を思い切り歌える場所が欲しかった
Yさん（26歳）アニメ・ゲーム好き国際交流会＋オンライン語学スクール運営
始めた理由：香港出身、友達が多いというリソースを活かして
Kさん（33歳）テーマパーク好き友達マッチング
始めた理由：テーマパークに一緒に行ける友達が欲しかったので
Sさん（46歳）再婚活コミュニティ運営

始めた理由：3回結婚した経験を活かして

Nさん（58歳）ネガティブ思考断ち切りワークショップ＋カウンセリング

始めた理由：過去の挫折経験から見いだした思考法を伝えたくて

「スペース・チャンス系」のメリットは、なんといっても「人との関わり」です。人が好き、コミュニケーションが好きという人には、とても楽しい毎日になることでしょう。また、とくにスキルを必要としないため、敷居が低いです。

一方、デメリットは、立ち上げ時に勢いをつける必要があることです。コミュニティなら、ある程度の人数を確保すること、マッチングサイトを立ち上げるなら、一定数以上のデータや登録者を集めておくことなど、それなりの努力が求められます。場合によっては、広告費をかけて告知をする必要も出てきます。

ビジネスアイデアの「4つのタイプ」をご理解いただけましたでしょうか。ほかの考え方もあるとは思いますが、ここでは、この4つのタイプで考えていきましょう。

先ほどの表に、この4つのタイプの欄を加え、マトリクスにしてみます。

このようにまとめてみると、ここまで思いついたビジネスアイデアは、可能性の一部に

4つのタイプを記入してみる

誰のため	プロダクト系	スキル・サービス系	ノウハウ系	スペース・チャンス系
佐倉美保（40）女性 一人暮らし、東京都練馬区在住、勤務先は日本橋。営業事務、年収350万円。情報源はLINEニュースとインスタ。				外国人との料理婚活パーティー
武田千紘（32）女性 シェアハウス暮らし、東京都世田谷区在住、勤務。教員、年収320万円。情報源はツイッターとネットニュース。				外国人との国際交流パーティー 一緒にお酒を飲むサークル
佐々木幸男（46）男性 3人家族。子供は小学生。神奈川県川崎市在住、勤務先は横浜市。経理担当、年収550万円。情報源は日経新聞、フェイスブック。	再就職できる『印象アップ術ハンドブック』の提供		スカイプで面談して励ましてあげる	
自分（28当時）女性 一人暮らし、埼玉県さいたま市在住、勤務先は池袋。派遣社員、年収270万円。情報源はインスタとファッション誌、テレビ。				

もっとないのか考えてみると……

誰のため	プロダクト系	スキル・サービス系	ノウハウ系	スペース・チャンス系
佐倉美保（40）女性 一人暮らし、東京都練馬区在住、勤務先は日本橋。営業事務、年収350万円。情報源はLINEニュースとインスタ。	海外コスメ製品の提供	外国人と出会える場所に、一緒に同行してあげる 観光客に通訳案内をする	外国人と出会うためのインスタ、SNSの使い方を教える	外国人との料理婚活パーティー
武田千紘（32）女性 シェアハウス暮らし、東京都世田谷区在住、勤務。教員、年収320万円。情報源はツイッターとネットニュース。	思いつかない	思いつかない	将来不安や毎日モヤモヤしていることの相談に乗る	外国人との国際交流パーティー 一緒にお酒を飲むサークル
佐々木幸男（46）男性 3人家族。子供は小学生。神奈川県川崎市在住、勤務先は横浜市。経理担当、年収550万円。情報源は日経新聞、フェイスブック。	再就職できる『印象アップ術ハンドブック』の提供	気分転換の外出に付き合ってあげる	スカイプで面談して励ましてあげる	みんなで語り合える場所を設ける
自分（28当時）女性 一人暮らし、埼玉県さいたま市在住、勤務先は池袋。派遣社員、年収270万円。情報源はインスタとファッション誌、テレビ。	安価で質のよいワンピースやヒールの提供	思いつかない	起業や副業の情報提供	缶ビール1本で参加できる「オンライン自宅飲み会」

すぎないことがわかります（136ページのマトリクス参照）。

さらに、ウォンツ、スキル、リソースをいろいろと思い出しながら、それぞれの理想の顧客（候補）にしてあげられそうなことを考えて、空欄部分を埋めてみましょう（前ページのマトリクス参照）。

この中から、あなたが1人、お客様1人で、大きなお金をかけずに、現実的にすぐにできそうなことをピックアップして、「まずはやってみよう！」と決めましょう。発想が大きすぎたら、ダウンサイズします。「これでやってみよう！」と決められるまで分解するのです。「決める」こと――すべてはそこから始まります！

5 特徴のないものは売れない

ここまでくれば、具体的な商品づくりをスタートすることができます。ですが、その前に、このあとに必ずぶつかる壁をスムーズに越えられるようにするため、マーケティングについて、ちょっとだけ触れておきます。

起業して事業を軌道に乗せるには、商品やサービスが売れて、利益を上げられるようにしなければなりません。そのときに必要なのが、セールスやマーケティングです。

セールスとは、商品を売る技術、売ることそのものを指し、**マーケティング**とは、さまざまな解釈がありますが、ざっくりいえば、商品を効率的に売るための仕組みや仕掛けのことです。つまり、セールスが不要になる仕組みをつくることこそ、最高のマーケティング活動だといえます。

マーケティングにはさまざまな活動があります。4P分析などは有名ですね。

〈マーケティングの4P〉

Product（プロダクト・製品）
Price（プライス・価格）
Place（プレイス・流通）
Promotion（プロモーション・販売促進）

いまは、このうちのＰｒｏｄｕｃｔについて考えているところです。機能、品質、特徴、名称、色、パッケージなどの細かいところを決めていきますが、とくに大切なのは**「特徴」**です。

特徴には、さまざまな切り口があります。対象者、いつどこで使うのかなどの利用場面、顧客が感じる価値、機能そのもの、外観などが主な切り口になります。

知っておいてほしいのは、**「特徴のない商品は売りにくい」**ということです。慣れていない人ほど、対象者を広げたがり、「何でもできます」「何でもあります」といいたがります。しかし、これでは誰に何をアピールしているのか、わからなくなります。

たとえば、カウンセラーになろうと考えた場合、カウンセリングをすることがサービスになります。ここで「何をカウンセリングするの？」と尋ねると、「悩みなら何でもいいです」と答える人が意外と多いのです。

確かに、カウンセラーの側からすれば、どんな悩みにでも対応できるのかもしれません。ですが、選ぶお客様の立場からしたら、どうでしょうか？　仮に、個人病院に10個も診療科目が並んでいたら、「何が専門なんだろうか？」と感じますよね。お客様は、何よりもまず**「本当に自分の悩みを解決してくれるの？」という視点で私たちを見ています**。「何でもできる」というよりも、たとえば「仕事の人間関係専門カウンセリング」といわれるほうが、メッセージが届きやすく、結果的に、その悩みを持つ人から選ばれやすくなるのです。

では、どうやって特徴を出せばいいのでしょうか？

理想の顧客の「痛み」や「快楽」が明確になっているのなら、それを**専門**にすれば、わかりやすいでしょう。「○○の悩みが解決できる専門家」「○○が楽しめるコミュニティ」のように特化すると、理想の顧客が集まってきます。

注意したいのは、単純に絞り込めばいいというわけではないこと。たとえば、「20代女性限定」としたところで、それが理想の顧客にとっての安心や信頼、自分の強みにつながらないのであれば、意味がありません。**対象者、利用場面、機能、外観などでターゲット**

を絞ることで、集中的にアピールするのです。

この段階では、仮決めでかまいません。最初はお客様も少ないと思いますが、それだけに距離も近くなれます。新しいお客様に、「どうして私を選んでくださったのですか？」と聞いてみてください。それによって、アピールすべきあなたのよさや特徴がわかるようになってきます。

Ａｍａｚｏｎなどを使った転売ビジネスでは、特徴も何もなく、価格差とスピードだけの勝負になるかもしれません。それでも、ショップの対応のよさ、品揃えや専門性、それに伴う評価の高さなどで、特徴づけられます。

一方で、物販でも、手づくり品の販売であれば、商品の機能そのものは普通だとしても、ワークショップやデザイン講座なども提供することによって、ほかにない特徴を出せるようになるでしょう。

50点の「人」のチカラを手に入れる

1
いまはまだイエスマンで固めよう！

「イエスマンに囲まれているとダメになる。厳しいことをいってもらえる環境が必要」

よく大先輩の経営者から、こんなことをいわれることがあります。確かに、その通りかもしれません。ですが、この段階では、**まわりはイエスマンばかりにする**のがいいというのが、私の持論です。

せっかく動き出したのに、あれこれ指示されたり、苦言を呈されたりするのは、嫌じゃありませんか？　私は嫌です。「好きにさせてよ。そのために起業するんだから」といいたくなってしまいます。

「25点の知」のドリームキラーについての項でも触れていますが、起業を考えたり、行動したりすると、いろいろな人がいろいろなことをいってきます。ありがたいことではありますが、いまのあなたに必要なのは、**お互いに意識を高め合える仲間**です。「いいね！」と声を掛け合い、「やってみたら？」と背中を押してくれる仲間やメンターの言葉が、行動の原動力になります。

だからこそ、自分の意見に賛同し、応援してくれる、ある意味での「イエスマン」といえる仲間でまわりを固めましょう！

では、そんな味方になってくれる仲間は、どこにいるのでしょうか？

正直、身近にはいないかもしれません。起業したいと考える人は、日本にはまだまだ少ないからです。心の中で漠然と「このままでいいのかな」「会社を辞めて自由になりたい」と思っている人はたくさんいますが、あなたのように実際に本を手に取って、一歩踏み出そうとしている人は、とっても少ないのです。

もし、まわりにいないようなら、起業18フォーラムのようなコミュニティに参加してみましょう。同じ志を持つ仲間がたくさん見つかります。

それ以外にも、ブログを書いている人、SNSで発信している人などもたくさんいるので、探せばきっと見つかります。いいなと思った人がいたら、フォローして、その人の発信を見てください。信頼できそうだと感じられたら、連絡をしてみるのも面白いかもしれませんね。

ただし、変なビジネスに勧誘されるなど、危ないと感じることがあったら、すぐに手を引きましょう。

また、今後は、心配してくれる人の言葉を（心の中で）遮断する分、自分の未来は自分で判断して決めていくことが必要になります。

周囲の人の言葉や判断に惑わされるのではなく、書籍や雑誌、ツイッター、ネットメディアなどから信頼できる情報源を見つけ、そこからの情報を、自分の持つほかの情報や価値観と照らし合わせながら、自分の意見を形成して判断していきましょう。

2 お互いに高め合える仲間とは？

前項のように、この段階では、味方になってくれて、お互いに意識を高め合える仲間（ある意味での「イエスマン」）と付き合っていくことが大切なのですが、もう少し具体的に、「いま、あなたが付き合うべき人」について解説したいと思います。

まず、仲間になるといいのは、**「あなたの話を聞いてくれる人」**です。時に孤独を感じがちな起業準備への日々。たまには愚痴をいったり、励まし合ったり、他愛《たわい》もない冗談をいい合ったりできる仲間の存在は、とても大きいものです。とはいえ、「話を聞いてもらう」ということは、カウンセリングがビジネスとして成立していることからもわかるように、お金を支払うほどの価値があることです。ですので、一方的に聞いてもらうのではなく、「あなたも話を聞いてあげる」という、**ギブアンドテイクの姿勢が求められます**。

当然、まずはギブからですね。起業18フォーラムの中でも、セミナーの練習などで、お互いに助け合っている人たちがたくさんいます。そのような積極的に人に協力する人ほど、いざ、自分が助けてほしいときに、たくさんの人が手助けをしてくれて、結果、早く成果を出すことができています。

次に、**「ライバルになってくれる人」**です。できれば、同じ会社員で、起業に向けて準備をしている人が望ましいでしょう。この人とは、相談し合ったり、仲良くつるんだりする必要はありません。レベルが拮抗《きっこう》しているほどよく、よい意味での「意識する存在」として、勝手にモチベーションアップにつなげましょう。

もちろん、「人と自分を比べる必要はない」という考え方もあります。SNSなどで、うまくいっている人の活躍を見ると、気持ちが凹んでしまうこともあるでしょう。自分の心の状態と相談しながら、時に意識してモチベーションにつなげ、時には「私は私」と切り替えて、自分にできることを愚直に積み上げていく――、**心のライバルは、そんなふうに「都合よく」使えばいい**と思います。

最後の人は、**「自分のあとを追っている後輩」**です。あなたと同じように、起業して夢を叶えようとしている人です。先を行く人から学べることはたくさんありますが、その一方で、自分のあとを追ってくる人の存在もまた、とても重要なのです。

なぜ重要なのでしょうか？

それは、**あなたがやっていることを後輩に伝えることが復習となり、自分の理解を深めながら、足りないところをチェックできるようになる**からです。そして、もちろん「負けてられない」という気持ちも時には必要です。

とはいえ、自慢したり、お説教をしたりということではありません。先輩風を吹かせて、あれこれ指示を出したり、苦言をいったり、ドリームキラーになって後輩の意欲を削いでしまっては元も子もありません。アドバイスを求められたときに、自分の体験を伝えられれば、それで十分です。

3 行動していない「アドバイス好き」には要注意！

仲間をつくるときに、**注意しなければいけないのが、行動していなくて、実績のない「教え好き」の人たち**です。

ドリームキラーや、ロクに行動もせずに批判をする人、できてもいないのにわかったような顔をして決めつけてくる人などは、会社にもネット上にもそれなりの数がいるため、ある意味でわかりやすい存在です。避けたり、無視をしたりすることができるでしょう。ですが、この「教え好き」の人たちは、親切な味方ともいえるため、一見すると、わかりづらいのが特徴です。

たとえば、以前、こんな人がいました。

その人は、起業を目指して、もう5年も起業塾を渡り歩いている人でした。しかし、本人のやる気がないのか、それとも怖くてできないのか、いつまでも起業する気配がありません。

しかし、起業塾をいくつも渡り歩いているために、知識だけは豊富でした。勉強会で新しく出会う人に対して、「この理論は知っているか？」とか「もっといいやり方がある」とか「いまはこんなビジネスが流行っている」など、とにかく「教えたがる」のです。

ですが、そんな話をいくら聞いたところで、経験から得た本物の知恵ではないので、とくに学ぶべきところがありません。

もしかすると、「こうしていると起業できない」という**反面教師**にはなるかもしれませんが……。

4 お客様じゃない人の意見は「話し半分」で

多くの小さなサイズのビジネスは、お客様の「痛みから逃避」や「快楽の追求」をサポートすることで成立しています。お客様は、その価値にお金を支払ってくださるのです。

起業準備を進めているとき、起業仲間や身近な友人などに、自分の考えた商品やサービスについて意見を求めると、**時折、的外れな答えが返ってくる**ことがあります。その人はあなたの本当のお客様ではないのですから、それは仕方のないことです。

最も気をつけたいのが、**価格に対する意見**です。実際に困っていないので、その人の常識や収入から導かれた意見が出てきます。強い痛みを感じている人や、急いで解決しなければならない人とは状況が違うため、**価格についてシビア**な意見になる傾向があるのです。

もちろん、仮説を立てる上で、意見をくれる人の存在はありがたいものです。ですが、「話し半分に聞いておくべきところもある」ということを知っておいてください。

5 自分自身の意見も「話し半分」で

お客様でない人の意見には気をつける必要があることはおわかりいただけたと思います。問題の渦中にいる当事者と、仮の前提で考える人が、同じ感覚を持つのは難しいからです。顧客の収入レベルやあなたとの関係性によっても、答えは大きく変わってきます。

同時に、**自分の「思い込み」や「固定観念」にも注意が必要**です。自信のなさからくる「極端な安値」や、根拠のない自信からくる「信じられないような高値」は、どちらも間違いである可能性があります。価格は市場が決めるものです。需要と供給、そして、お客様の感じる「値ごろ感」で、適正価格が決まります。**適正価格は、仮説を立て、調査し、繰り返し調整しながら見つけていくもの**です。

適正価格がつかめてきたら、それをそのまま採用するのか、あるいは、あえて安くするのか高くするのか、そこは戦略になります。詳しい考え方はのちほど解説します。ここでは、価格に対する**自分の感覚も「話し半分」で捉えておく**ことを知っておいてください。

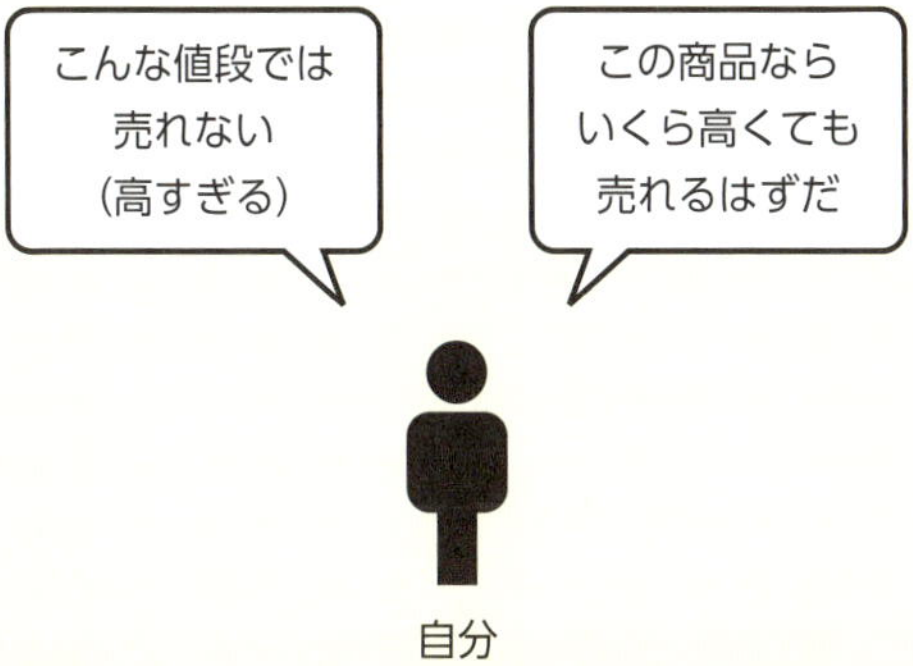

自分の「思い込み」や「固定観念」に縛られると、
誤った価格づけをしてしまう！

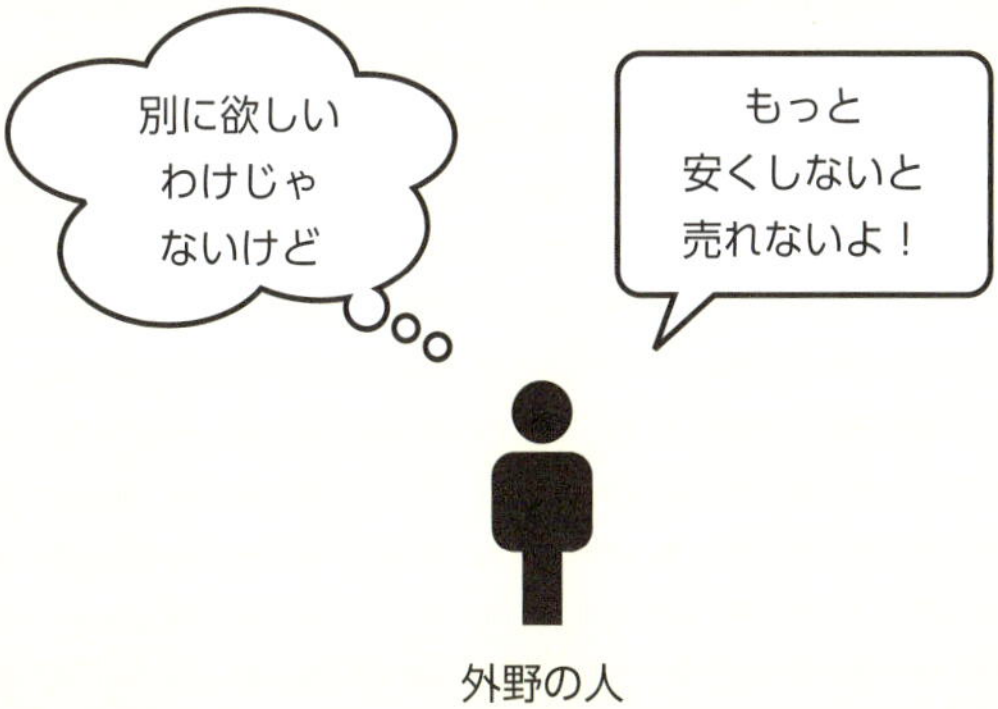

お客様でない人の意見はアテにならない！

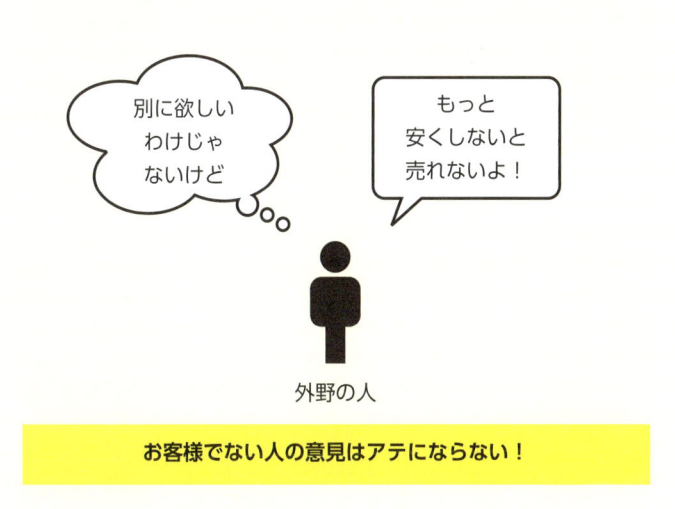

1 名を捨てて実を取る

25点の「金」のチカラでは、「最初の段階で使わないほうがいいお金」について説明しました。50点の「金」では、起業準備中の「生き金」「死に金」について解説をしていきます。

「生き金」「死に金」という言葉をご存じでしょうか？　生き金とは、一般的に、新たな価値を生み出すための投資や人のために使うお金など、ビジネスや人生にプラスになるお金の使い方のことです。一方、死に金は、その逆で、必要のない贅沢《ぜいたく》や浪費など、無駄遣いともいえるお金の使い方をいいます。

この「生き金」「死に金」は、人によって異なるものです。直接的なリターンがなかったとしても、自分にとって必要な出費だと確信できるのなら、それは「死に金」とはいえません。

ですが、**「ミエのために使うお金」は、「死に金」になる可能性が高い**でしょう。たとえば、自宅で仕事ができる環境の人が、「自宅ではカッコ悪いから」という理由で事務所を借りたり、「いつか必要になるかもしれない」という理由で高額な設備を購入したり、「1人じゃ寂しいから」と、受付や雑用担当のアルバイトを雇ったり、不必要な高級車を買ったりするのは典型的な「死に金」といわれるお金の使い方です。

「それならば、お金は使わず、何でも自分でやったらいいのか？」と聞かれれば、「それは違います」という答えになります。

25点の「金」のチカラでつくった事業用の銀行口座にある**お金を「生き金」にするべく、積極的に投資していくべき**です。私が常々述べている「お金をかけないで起業しましょう」という言葉は、「とにかくお金を使わずに、リターンだけを狙いましょう」という意味ではありません。**投資をせず、リターンが望めるわけがありません**。宝くじだって、馬券だって、買わなければ当たりません。

2 この段階で使いたい「生き金」とは？

では、この段階での「生き金」とは、いったい、どのようなものでしょうか？

第1には、スマホやノートパソコン、Wi-Fiルーターなど、**時間を効率よく使うための投資**が挙げられます。会社員のまま起業準備を始めると、常に時間が足りないと感じるようになります。そんなとき、**スキマ時間の活用は欠かせません**。

移動時間にスマホで情報をチェックし、退社時間になったらカフェでメール対応を済ませてから帰宅するなど、なるべく家族に与える影響を小さくするとともに、何もせずに1日を終えてしまわないようにするためには、さまざまな工夫が必要になります。それには、**性能のよいモバイルツールが欠かせない**のです。

また、自宅などでの作業を効率化するためには、**サブディスプレイ**の活用がオススメです。モニターを2台並べて使うと、作業効率がとてもよくなります。私もオフィスではもちろん、外出時にはWindowsパソコンにiPadを接続して（アプリ「Duet

Ｄｉｓｐｌａｙ」を使用)、サブディスプレイとして使っています。

第2の生き金は、前述した「味方になってくれて、お互いに高め合える仲間」と会うための費用です。やはり、人間関係をつくろうと思ったら、食事に行ったり、飲みに行ったり、ある程度のお金がかかるものです。とはいっても、25点の「金」のチカラでも触れたように、あれこれとセミナーや異業種交流会をはしごしても仕方がありません。焦らずじっくりと構え、質のよい出会いのチャンスが訪れたら、そこでケチケチせず、たとえばランチに誘ってみるなどの行動に移してみましょう。

そして最後、第3の生き金は、ビジネスには直接関係はありませんが、すべての資本となる「健康」への投資です。起業準備を進めるには体力も必要ですし、起業家となれば、健康管理には会社員よりも気を使わなければなりません。健康管理といっても、高価なサプリメントとか、高級エステやパーソナルトレーニングジムに通うという意味ではありません。健康によいバランスの取れた食事、睡眠、軽い運動の習慣などを意識し、それにかかる多少のお金は、ケチケチせずに、きちんと使うということです。

3 まだ借金をしてはいけない

起業というと、金融機関から借り入れをするものと考えている人が少なくありません。最近では補助金、クラウドファンディング、ベンチャーキャピタルから出資を受けたりするケースも見られますが、比較的〝大きめな〟ビジネスをスタートする脱サラ組は、自己資金＋借り入れたお金で勝負に出ようとします。

設備投資のために借り入れをすることは、必ずしも悪いことではありませんが、一度、運転資金を借金に頼るようになると、数カ月から数年後には資金が回らなくなり、借金だけを残して廃業することになります。たとえ黒字経営であっても、**小さな会社にとっては、ようやく出た利益の中からお金を返済していくことは実に大変**なのです。

確かに、借金ができるということは、信用があるということであり、素晴らしいことでもあります。実際、自営業者になれば、マンション一室を借りることさえ苦労するようになります。**社会的信用がない**からです。だからといって、「会社員のうちにいっぱい借りておけばよい」といいたいわけではありません。やはり最初は、**「自分が出せる範囲のお金」で立ち上げて、コツコツ育てていくほうが賢明**でしょう。

「そんなスケールの小さいことをいっていたら、いつまでもまともなビジネスはできないし、大きくなれないよ」

そんな声が聞こえてきそうです。確かに、その通りかもしれません。ですが、本書の冒頭でお話しした日本の廃業率の高さたるや……。

個人事業主の廃業率は開業後1年目で37・7%、3年目で62・4%に到達します。開業10年後には88・4%にも上ります。約9割の人が、起業（独立）をしても廃業に追い込まれてしまうのです。

（本書の「はじめに」より）

私にはとても「この程度のリスクを取れ！」とはいえません。借金まみれになってしまったら、どうしますか？　あなた自身だけならまだいいかもしれませんが、愛するご家族から笑顔が消えてしまったら……。考えたくもありません。

小さくても実際に事業をやってみて、起業家として知、人、金を十分に成長させ、現場で実力をつけてから借りてもいいのではないでしょうか。それが私の提案です。

4 いくら必要かを書き出してみよう

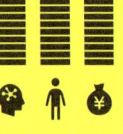

あなたがやりたいビジネスには、どのくらいのお金が必要になるのでしょうか？　思いつく限りの費用を洗い出し、「出ていく予定のお金」として予算化してみましょう。

まずは、**「最初の1円を稼ぐまでの費用」**です。販売するまでの準備が整い、広告をして最初の売上を立てるまでにかかる見込みのお金です。もう少しあとの段階では、月に100万円の利益を上げるために必要なお金を洗い出してみるなど、レベルアップをしていきましょう。

たとえば、仮にあなたがやると決めたビジネスが、「リストラにおびえる、小さい子供を持つ中高年（理想の顧客：佐々木幸男さん・46歳）を対象とした、再就職できるための『印象アップ術ハンドブック（PDF）』の提供とスカイプ面談、そして、月に一度の『みんなで語り合う会』の開催」だとしましょう。この商品を1つ売るために、どれくらいのお金がかかるでしょうか？　想像がつく範囲で書き出していきます。

【月々費用】

固定費に分類できそうなもの（売上ゼロでも毎月かかる）

通信費（定額ポケットWi-Fi）……………………… 3000円／月
広告宣伝費（Google 広告、チラシ印刷など）…… 1万円／月
接待交際費（お客様や関係者との飲み代など）… 1万円／月
地代家賃（バーチャルオフィス契約）…………… 2500円／月
会議費（10名用の会議室レンタル）……………… 1万円／月
新聞図書費（書籍・雑誌など）………………… 3000円／月

変動費に分類できそうなもの（売上が上がるほど増える）

旅費交通費（電車、タクシーなど）…………… 3000円／月
消耗品費（事務用品、インク）………………… 2000円／月
支払手数料 ………………………………………… 2000円／月
会議費（打ち合わせ時のコーヒー代など）……… 3000円／月
その他雑費、予備費 …………………………… 3000円／月

【イニシャル（最初だけかかる）費用】

広告宣伝費（名刺、チラシデザイン）…………………… 1万円
消耗品費（マイク・プリンター）……………………1万5000円

【すでにかかっている費用を按分《あんぶん》するもの】

固定費

通信費（按分50%：スマホ、プロバイダ）……… 6000円／月
地代家賃（按分20%：事務所〈自宅の一室〉）…… 2万円／月

【いまはお金をかけないもの】

事務所（自宅の一室を利用、住所表示はバーチャルオフィスで対応）
スマホ（プライベートのiPhoneを半分仕事に使う）
ノートパソコン（自宅のパソコンを事業用に転用して使う）
パソコンソフト（ワード、エクセル、パワーポイント、スカイプをそのまま使う）
文房具類（自宅で余っているものを使う）
ホームページ（売上が10万円を超えたらプロに依頼）

固定費、変動費の区別には、絶対的な正解があるわけではないので、ざっくりでかまいません。一般的には変動費になる項目であっても、ビジネスによっては固定費と考えたほうが現実的になる場合や、その逆の場合もあるからです。大切なことは、**およそいくらかかるのかを知り、会社員の給料をもらっている立場で、どこまでリスクを取れるのかを考えた上で、きちんと投資する**ことです。それぞれの金額も、ざっくりでかまいません。次第に正確な数字が把握できるようになります。

たとえば、この例では、月々の固定費を6万4500円で計算しています。このうち、「すでにかかっている費用を按分するもの」については、プライベートで支払い済みのお金ですから、追加費用ではありません。追加費用は、月々3万8500円になります。売上ゼロでも、**この費用は毎月かかってきます**。もし、少しでも減らしたいなら、本や雑誌を図書館で読むことにすれば、月3000円を浮かすことができます。広告宣伝費も、自分でSNSの投稿や声掛けを頑張れば、減らすことができるかもしれません。

ビジネスを実際に始めていない段階では、具体的な金額をイメージするのは難しいと思います。ですが、とりあえず金額を決めて、使って、物事を前に動かすことが大切です。

5 使ったお金をメモしておこう

起業準備の活動を始めると、細かいお金がかかるようになります。打ち合わせをすれば飲み物代、移動すれば交通費もかかります。このような開業のためにかかった費用は、**きちんとエクセルなどに記録しておく**ことが大切です。**領収書もすべて保管**しておきましょう。

個人事業の場合、開業のために使った費用は**「開業費」**と呼ばれ、いったん**「繰延資産」**という資産の科目で処理されます。その後、「個人事業の開業・廃業等届出書」（開業届）を提出して正式に開業したあとに、**「60カ月の均等償却」**または、毎年の償却金額および償却期間を自由に決められる**「任意償却」**のどちらかを選び、**償却費として必要経費に算入**していきます。

ただし、開業費にできないものもあるので、注意してください。

【開業費にできない代表的なもの】

プライベート用に使った家賃、水道光熱費、通信費、交際費など

10万円以上のパソコンの購入費用など(注)

敷金や保証金、フランチャイズの加盟金などの返還されるお金

販売するために仕入れた商品や材料などの購入資金など（売上原価になる）

（注）減価償却資産になる。青色申告の場合、「少額減価償却資産の特例」などの例外もあるので、詳しくは税務署、または税理士さんにご確認ください。自宅のパソコンを事業用に転用した場合は、転用時の資産価値〈未償却残高〉を、〈少額〉減価償却資産にすることができます。こちらについても、詳しくは税務署、または税理士さんにご確認ください。

少し難しい話になってきましたが、とりあえず使ったお金は記録し、領収書をきちんともらって、月ごとにジッパーバッグなどに入れて保管しておきましょう。**開業後に支払う税金に大きな差が出てきます**。

25点の「金」のチカラで解説したように、事業用の口座をつくって入出金をまとめ、買い物や各種申し込みには専用のクレジットカードを使うようにすれば、あとは現金の出し入れを管理するだけなので、記録がとても楽になります。銀行口座やカードのアカウントを、オンライン会計ソフトと連動させれば、お金の管理はさらに簡単になります。

〈お勧めの会計ソフト（クラウドタイプ）〉
ｆｒｅｅｅ（フリー） https://www.freee.co.jp/
マネーフォワード クラウド会計 https://biz.moneyforward.com/
弥生会計オンライン https://www.yayoi-kk.co.jp/products/account-ol/index.html

第4章

4カ月までにやるマーケティング力を鍛える

「商品力×発信力×信用力」を高める

起業準備もいよいよ折り返し地点です。これまでは自分の「好きなこと」や「やりたいこと」、そして「身近にあるウォンツ」を見ながら、商品のアイデア出しや仲間づくりをしてきました。

ここからは、サービス内容や価格設定を含む**商品のつくり込み（商品力アップ）**、その魅力をPRして見込み客を開拓する**集客活動（発信力アップ）**、そして実績を積み上げて選ばれる人（会社）になり、商品を成約させるための**ブランディング（信用力アップ）**をスタートします。

まずは、商品、サービス内容のつくり込みです。前章で理想の顧客を決め、アイデアまで出していますから、あとはそのアイデアを実際に「買える状態」にしていきます。本書も、私の頭で考えたコンテンツを文章として書き起こし、本という形にしたからこそ、多くの方に買っていただける「モノ」になりました。同じように、あなたの頭で考えた**アイデアを形に変えましょう**。

基本的には、次のことを決めます。

仕様（色、どのくらい（サイズ／時間）、サービス内容など）
納品形態（いつ、どこで、どのように、梱包など）
調達（方法／作業内容）
告知（方法／作業内容）
受注（方法／作業内容）
請求（方法／作業内容）
回収（方法／作業内容）
納品（方法／作業内容）
その他（キャンセルポリシー／免責事項など）

決めるといっても、正直よくわからないでしょうから、似たようなことをしている人の商品やサービスをいくつか買ってみて、これらを項目ごとにチェックしていけば、比較的簡単にできます。

商品、サービスのスペックを決めたら、無料でかまわないので、実際に仲間に体験してもらいましょう。「あれがおかしい」とか「これはどうなっているの？」とか、クレームだらけだと思います。こうした意見に対して、ひとつずつ修正をかけていき、お金がとれる最低限の商品をつくり上げましょう。

もちろん、どうしても商品づくりが苦手という人や、営業や情報発信が得意な人、丸投げのほうが楽でよいと思う人などは、50点の「知」の2（121ページ）でご紹介したような代理店マッチングサイトなどを使って、商品を吟味して仕入れてもかまいません。とにかく、**「自分の商品を持つこと」**こそ、最重要課題です。

WEBで発信力と信用力を高める

次は、**発信力アップ**に取り組みます。理想の顧客に近い人たちに、あなた自身や商品の存在を知らせ、特徴や強みを理解してもらいます。そして、見込み客として、あなたにコンタクトをしてきてもらうのです。

発信力を高める方法はいろいろありますが、会社員のまま起業準備を進めていくのであれば、まず**ネット上からの発信の強化**に取り組みましょう。

そういうと、よく「法人相手にサービスを提供する場合には、ネット集客なんて意味がないのでは？」と聞かれるのですが、ネット集客といえるほどのマーケティングを行わなくても、会社案内程度のホームページを持っておくことはやはり重要です。

最近はマッチングアプリやSNS、ブログもあるため、「自社のホームページは要らない」と考える人も多いようです。また、「そんなノウハウより『在り方』だ」のような「自己啓発型起業支援ビジネス」が増えていますが、そんなはずがありません。最低限、住所や電話番号、営業時間や地図、FAQ、代表者の挨拶《あいさつ》程度の情報があるアクティブな自社媒体があったほうが、多くの人にとって安心材料になります。

詳しくは後述しますが、一般的な個人ビジネスで発信力を強化する順番は、以下のようになります。

①スキルシェア系サイトやコラボ（紹介）などを利用（超短期で集客）しつつ
②SNS、アメブロ、動画などからの発信（短期〜中期）でファンをつくりながら
③検索狙いのWEBつくり込み（中長期）をコツコツ積み上げる

書いてしまえば、たったの3行ですが、お金をかけないのであれば手間をかけるしかなく、それなりの時間も必要になります。方向性が決まったら、なるべく早く着手するようにしましょう。

最後は**信用力**です。信用はあなた個人に対する信用はもちろんのこと、商品やサービスの品質、販売プラットフォームの信用などが複雑に絡んできます。

個人の信用については、ブログや動画、SNSから感じられる**人間性**はもちろんのこと、**実績**、**権威からのお墨付き**、そしてなにより**評価・レビュー**という「販売者ではない人が発信する情報」が影響します。たまに、自分の所属や資格などを気にされる人もいますが、実績があればそれも薄まっていくでしょう。

意外と大切なのが、**販売プラットフォームや決済システムの信用**です。たとえば、販売にAmazonを利用すれば、「有名な大企業で、返品がしやすい」などのAmazon自体の信用が大きいため、販売者が誰であっても商品が売れやすくなります。

スキルシェア系サイトも同様に、その運営会社が販売者の本人確認を行っていること、返金システムやキャンセルポリシーが明確でしっかりしていること、そして、信ぴょう性はともかくとしてレビューがつくことなどから、多くの人が信用してサービスを利用するようになっています。

発信力が高まったときのリスク管理

ところで、第1章でも少し触れましたが、この評価・レビューには、サクラもアンチも多く存在し、また、身近な人の応援を込めたコメントなども多く含まれています。その平均が本来の評価になると思いますが、消費者は悪い評価をより気にするものです。

たとえば本を出せば、10万部売れてもＡｍａｚｏｎレビューの数はせいぜい１００〜２００件程度なので、多くの読者は投稿などしないわけですが、Ａｍａｚｏｎに限らず、セミナー告知サイトやスキルシェア系サイトでも、**発信力が高まるほど、悪質なレビューが書き込まれるリスクが高まります**。実際、私のまわりにも悪質な書き込みに心を痛めている人がたくさんいます。いまの時代、意見や主張を発信するというのは、そのような悪い評価とも**向き合う覚悟が要る**ということであり、その点を織り込んでおく必要があります。

本書が対象としている「起業について初めて関心を持った段階の会社員」の皆さんも、発信力を高めていけば、いつかきっと、匿名で批判されたり、一方的な決めつけで攻撃を受けたりすることへの怒りや悲しみ、理不尽さを感じるときがくるでしょう。こうしたことは、会社員ではまず経験しません。ですが、何かを主張すれば、賛否両論が出るのは当たり前のこと。小学生向けに書いた本を大学生が買って、「簡単すぎる。お金損した」といってくることも、世の中ではよくあることなのです。情報がきちんと理想のお客様に届けば、必ず理解してもらえますし、支持してくれる人も現れるでしょう。

ちなみに、２０１６年3月25日、Ａｍａｚｏｎに投稿された書評によって社会的評価が低下したとして、本の著者が投稿者情報の開示を求めた訴訟の判決があり、東京地裁が投稿者のＩＰアドレス、氏名、住所、メールアドレスの開示を命じる（４月８日確定）という出来事がありました。世の中、少しずつですが、変わってきているのかもしれません。

誹謗中傷《ひぼうちゅうしょう》を含め、ビジネスをする上でのさまざまなリスクが心配な人には、次のような保険もあります。私も念のために加入しています。

弁護士保険ミカタ　https://mikata-ins.co.jp

弁護士保険コモン　https://yell-lpi.co.jp/komonbiz/

ただし、発信力を高め、実績と信用を積み上げるには、それなりの時間がかかります。誹謗中傷の書き込みへの対応に時間を割くよりも、**1日も早く、人や社会の役に立つために、自分や商品について発信するほうが、よっぽど健康的で人生を楽しめそうだと思いませんか**。少なくとも、私はそう思っています！

商品力と発信力をつなげよう

最低限、販売可能な状態の商品を手にできたら、思い出してほしいことがあります。50点の「知」の5（139ページ）で説明した「特徴のない商品は売りにくい」ことについてです。改めて、商品、サービスを見て、特徴は出せていますか？　どこを重点的にPRするべきだと思いますか？　お客様はなぜ、あなたを選ぶのだと思いますか？

以下に、商品力を高めるために考えてほしいことをまとめました。

・その商品は、お客様のウォンツ、「痛みからの逃避」または「快楽の追求」をサポートできているか？
・サポートできる理由を、きちんと説明できるか？
・具体的に、いつ、どこで、どうやって、何を使ってサポートするのか？
・お客様は、なぜほかの人ではなく、あなたを選ぶのか？
・重点的にPRするべき他者（他社）との違いはどこにあるか？（次のA～E）
（A）対象とする人の年齢や性別、属性の違い

（B）対象とする人の痛みや快楽の違い
（C）あなたの性格、資格、経験の違い
（D）商品の提供方法、場所、時間の違い
（E）商品の中身、スペックの違い

自分なりに納得のいく答えが出るまで、時間をかけて考えてみてください。もちろん、お客様との付き合いの中で、これらはどんどん深まり、変化し、明確になっていきます。商品力を高め、とりあえずのＰＲポイントが決まったら、前述のように、

①スキルシェア系サイトやコラボ（紹介）などを利用（超短期で集客）しつつ
②ＳＮＳ、アメブロ、動画などからの発信（短期〜中期）でファンをつくりながら
③検索狙いのＷＥＢつくり込み（中長期）をコツコツ積み上げる

ことを進めていきます。第3章の112ページで紹介したスキルシェア系サイトの利用をすでに始めている人は、ＰＲポイントを追記して、ブラッシュアップしてみましょう。すぐには売れないかもしれませんが、より多くの好反応が得られるようになるはずです。

まだ何もやっていない人は、販売・集客プラットフォームを利用して、まずは第一歩目の経験をしてみましょう。ネット集客が適さないと感じる場合には、知り合いにチラシなどを渡して、お客様を紹介してもらえないか働きかけてみましょう。

また、「オリジナル　〇〇　生産（あるいは製造、製作など）」と検索すれば、さまざまなアイテムのOEMや小ロット生産を引き受けてくれる企業の情報が見つかります。

特定のサービスに特化した販売・集客プラットフォームが数多く存在しています。プラットフォームも生き残りが大変なのでしょう。次々と新しいサービスが生まれ、消えていくものもたくさんあります。ですので、先々、独立することを考えれば、集客を**ひとつのプラットフォームに頼るのは危険**です。いくつかのプラットフォームに分散させましょう。やがては発信力を高めて、自前で集客できるようにしなければいけませんが、立ち上げの段階では、このような他社がつくったプラットフォームを2種類程度に絞り込んだ上で、積極的に利用するといいでしょう。

対企業、または対自営業者向けのビジネスを考えている場合には、**スキル・サービス販売プラットフォーム**のランサーズ、クラウドワークスなどが使いやすいですが、そのほか

ことさが　https://cotosaga.com/
ジモティー　https://jmty.jp/
ストアカ　https://www.street-academy.com/

〈スペース販売プラットフォームの例〉
Airbnb　https://www.airbnb.jp/
Instabase　https://www.instabase.jp/
Spacee　https://www.spacee.jp/
会議室ドットコム　https://www.kaigishitu.com/
スペースマーケット　https://www.spacemarket.com/

〈その他のサービスに特化したプラットフォームの例〉
Anyca　https://anyca.net/
Fashion Attendant　https://fashion-attendant.com/
KitchHike　https://kitchhike.com/
pato　https://pato.today/
SKIMA　https://skima.jp/
コデチケ!　http://www.codetike.jp/
週末モデル　https://weekend-model.com/

〈対企業向けビジネスのプラットフォームの例〉
99designs　https://99designs.jp/
Bizlink　https://bizlink.io/
Bizseek　https://www.bizseek.jp/
CODEAL　https://www.codeal.work/
Conyac　https://conyac.cc/ja
Craudia　https://www.craudia.com/
Findy Freelance　https://freelance.findy-code.io/
Gengo　https://gengo.com/ja/
HighClass　https://highclass.work/
ivyCraft　https://ivycraft.jp/
KAIKOKU　https://kaikoku.blam.co.jp/
SAGOJO　https://www.sagojo.link/
Saleshub　https://saleshub.jp/
Skillots　https://www.skillots.com/
Skill Shift　https://www.skill-shift.com/
workshift　https://workshift-sol.com/
Yahoo! クラウドソーシング　https://crowdsourcing.yahoo.co.jp/
シューマツワーカー　https://shuuumatu-worker.jp/
ビザスク　https://service.visasq.com/
プロの副業　https://profuku.com/

〈プロダクト販売プラットフォームの例〉

Amazon 出品サービス　https://sell.amazon.co.jp/
BUYMA　https://www.buyma.com/buyer/
Creema　https://www.creema.jp/
iichi　https://www.iichi.com/
minne　https://minne.com/
メルカリ　https://www.mercari.com/jp/
ヤフオク!　https://auctions.yahoo.co.jp/

〈プロダクト系生産プラットフォームの例〉

canvath　https://canvath.jp/
nutte　https://nutte.jp/
SHASHINGIFT　https://www.shashingift.jp/
sitateru　https://sitateru.com/

〈スキル・サービス販売プラットフォームの例〉

クラウドワークス　https://crowdworks.jp/
シュフティ　https://app.shufti.jp/
ランサーズ　https://www.lancers.jp/

〈スキル・サービス＋ノウハウ販売プラットフォームの例〉

ANYTIMES　https://www.any-times.com/
coconala　https://coconala.com/
REQU　https://requ.ameba.jp/
TIME TICKET　https://www.timeticket.jp/
Zehitomo　https://www.zehitomo.com/
さがする　https://sagasuru.jp/

〈ノウハウ販売プラットフォームの例〉

Cafetalk　https://cafetalk.com/
infotop　https://www.infotop.jp/
note　https://note.com/
vimeo ON DEMAND　https://vimeo.com/jp/ondemand/startselling

〈セミナー／イベント販売プラットフォームの例〉

meetup　https://www.meetup.com/
PassMarket　https://passmarket.yahoo.co.jp/
Peatix　https://peatix.com/
TECH PLAY　https://techplay.jp/
こくちーず　https://kokucheese.com/

のものはあまり適していないことが多いと思います。そのため、会社員のまま始めるには少々難易度が高いですが、178ページに挙げるサービスや知り合いからの紹介を駆使して、クライアントに食い込んでみましょう。

企業が出している依頼には、あなたがやりたいこと、売りたいものにピッタリなものはないかもしれません。働き方も、サラリーマンと大差ないかもしれません。ですが、**企業相手の仕事の実績とコネクションづくりができることで、あなたが本当に売りたい商品をオファーする機会が生まれる**可能性もあります。

自らのブランド力を高め、自分で集客できるようになれば、高い単価で仕事を請けられるようになり、こちらからの条件も通りやすくなります。副業会社員や下請けフリーランスで終わらず、お金や時間の自由など、起業家になる醍醐《だいご》味《み》を味わいたい人は、次の段階として、SNS、アメブロなどからの発信、ウェブのつくり込みへと進んでいきましょう。そして将来は、より川上を目指しましょう。この先で、その方法をご紹介していきます。

考えていないで、動きましょう！
起業力をバランスよく75点まで引き上げていきます。

1 お客様には「3ステップ＋1」でアプローチする

50点の「知」では、お客様を絞り込みました。あれこれと試行錯誤をしていくうちに、ターゲットとなるお客様が少しずつ変わってくるかもしれませんが、とりあえず絞り込みをしたことで、商品の企画がしやすくなったのではないでしょうか。

75点の「知」では、絞り込んだ理想の顧客向けにつくった商品を、**より多くの見込み客に知ってもらう方法**を考えていきます。

先ほど、商品力を高めるために、商品のPRポイントを少し考えていきました。すでにスキルシェア系サイトでアピールしたり、コネクションを使って企業に食い込みつつある人もいるかもしれません。

ところで、その商品やサービスの値段をいくらで提示しましたか？　あるいは、ここまでイメージしてきた商品やサービスをいくらで売ろうとお考えですか？

多くの人にとって、自分でビジネスをするのは初の体験でしょう。経験も自信もブランドもないため、仮にカウンセリングを提供するにしても、イベントを開催するにしても、コンサルティングをするにしても、最初は数百円〜数千円といった価格帯をイメージすることが多いと思います。もちろん、いまはそれでかまいませんが、会社を辞めて独立することを考えるのであれば、もう少し収益性の高いビジネスにしていかなければ、会社員としてもらっている給料ほども稼げません。

では、カウンセリング1時間3万円や、婚活飲み会1回5万円で売り出しても大丈夫でしょうか？　もちろん、売り出すのは自由ですが、たとえその商品やサービスの情報が理想の顧客に届いたとしても、その商品・サービスは恐らく売れないでしょう。

その理由は、実績やブランドのなさ、つまり、**信用がない**からです。

そんな信用がない状態でも買ってもらえるようにするには、**「3ステップ」でお客様にアプローチ**する必要があります。

ステップ1　ネットや紹介で商品・サービスを知ってもらう
↓
ステップ2　商品・サービスを低額や無料で試してもらう
↓

ステップ3　利益の出せる価格で商品・サービスを買ってもらう

この3ステップです。ですが、ステップ1で高額な商品をそのまま告知したところで、思うような成果は出ません。商品やお客様の懐事情にもよりますが、**人が「騙されてもいいや」と思って衝動的に払える金額は、せいぜい数千円〜1万円程度**までです。まずは、お試ししてもらえる価格帯で商品をPRし、実際に使ってもらって信用を得て、その後、ステップ3に移行するほうがスムーズにいきます。

そして、実は、このステップ1の前に、さらに**「ステップ0」**が存在しています。それが**「3ステップ＋1」**です。

ステップ0　自己開示をし、理想の顧客にとって貴重な情報を提供する

ステップ0とは、「第ゼロ印象」のこと。初めて会うときに「第一印象」が生まれるとするならば、その前段階に、ネット上などで初めてあなたのことを知ったときに生まれるのが**「第ゼロ印象」**です。とくに、自分自身も商品の一部となる「ノウハウ系」では、この「第ゼロ印象」がよいほど、ステップ1に進んでもらえる確率が高くなります。

よく、ＳＮＳやブログで、コメント欄やメッセージ欄で商品の宣伝ばかりしている人を見かけます。これはもったいないことで、宣伝ばかりしてくる人に対して、好印象を持ったり、共感したりする人はいません。

この「第ゼロ印象」は、**可能な範囲で最大限の自己開示をし、理想の顧客にとって貴重な情報を提供する**ことで、よくすることができます。それを続けていくことで、「第ゼロ印象」が育てられるのです。そして、「第ゼロ印象」をしっかり育てておくと、ステップ１以降の効果が増大します。

フロントエンド商品とバックエンド商品

ステップ１でＰＲする商品は、低価格もしくは無料で提供する「集客商品（**フロントエンド商品**と呼びます）」です。

ここまで考えてきた商品は、フロントエンド商品だったのか、もしくは「十分な利益が出せる商品（**バックエンド商品**と呼びます）」だったのか、どちらのつもりでしたか？

比較的低価格でイメージしていた人は、利益を上げるためにどのようなバックエンド商品を用意するべきかを考える必要があります。また、高価格帯でイメージしていた人は、その商品を売るために、どのようなフロントエンド商品を準備するべきかを考えなければいけません。

安いからフロントエンド商品、高いからバックエンド商品、というわけではありません。高い価値のあるものを、あえて無料で配布して人を集め、あとから継続的にチャージして回収していくこともひとつの戦略ですし、デパ地下のように、ソーセージの欠片《かけら》や一口サイズのワインを味見してもらって、大きなサイズのモノを売ることも戦略です。体験レッスンで人を集めて本レッスンを紹介する。無料お試しサンプルを配布して、受け取った人に有料の商品を紹介する。無料お試し期間を設けて2カ月目からチャージする。こうしたことも、**フロントエンド→バックエンドというビジネスモデル**なのです。

たとえば前述の例に、「外国人との料理婚活パーティー」というアイデアがありました。これをフロントエンド商品とし、価格を5000円にしたとすれば、バックエンド商品は婚活会社がよくやっているように、婚約が成立した場合にチャージされる、数十万円の「成婚料」になるかもしれません。一方で、パーティーをバックエンド商品にしたい場合、フロントエンドは、初回無料の体験参加などが考えられます。そして、バックエンド5000円では生活していくのが大変ですから、月額会費制にした上で、人数を多く集めていく必要があるなど、また違った戦略や仕組みづくりが必要になってきます。

さて、あなたの商品はいかがでしょうか？　フロントエンドとバックエンドという視点で、もう一度、50点の段階で考えた商品を見返してみましょう。その商品は、フロントエンドにすべきなのか、バックエンドになるのか。独立できるレベルの収益をあげられそうなのか。足りないものを追加していくことで、少しずつ、ビジネスの全体像ができあがってくると思います。

フロントエンド商品とバックエンド商品のペアが揃ったら、必要があれば「ステップ0」から、不要な場合には「ステップ1」から進んでいきます。**ターゲットとする理想の顧客が求めている情報**と、**可能な限りの自己開示**が、発信するべき情報になります。

ノウハウ系を選択した人は、「ステップ0」が必須です。そのほかのビジネスを選択している人も、選ばれる確率を高めるために、なるべく「ステップ0」から入るとよいでしょう。

ネット上で情報発信をする場合には、ブログ、フェイスブック、インスタグラム、ツイッター、ｎｏｔｅ、ＹｏｕＴｕｂｅなどを使うのが一般的です。そのほかにもツイキャスなどの配信やＴｉｋＴｏｋなどの動画サービスもありますが、どの媒体、メディアを使えばいいのかは、理想の顧客によって異なります。主要なＳＮＳであれば、たとえば以下のような感じです。

ツイッター　20代、40代に強い
フェイスブック　30代、40代に強い
インスタグラム　20〜40代に強い
YouTube　子供、40代〜60代に強い

フェイスブック（個人アカウント）は、知り合いとのコネクションを維持するために使いますが、そのほかは新しい出会いの創造にも使えるので、まずは、理想の顧客の欲する情報を徹底的に配信したり、こちらからフォローしたりして、あなたのフォロワーを増やす**「アカウント育成」**に取り組んでみましょう。すでにスキルシェア系サイトなどを利用している人は、SNS経由での依頼も出てくると思います。

また、これからは5Gの時代です。**動画による情報発信**は、ますます一般的になってくるでしょう。最初のうちは品質などを気にせずに、まずはチャンネルを立ち上げて、スマホで撮影したお役立ち動画の配信を始めてみてはどうでしょうか？

2 フロントエンドの商品力を向上させる

この段階で、低額商品が売れ始めている人は、フロントエンド商品が順調に機能しはじめているということです。商品が売れ始めている人は、「①フロントエンドからバックエンドに誘導するステップに移る」「②フロントエンドへの集客を他社に依存しない仕組みづくり（WEBつくり込み）を始める」ことが必要です。

一方、商品が売れない人は、「①フロントエンドの魅力、特徴が弱いので見直し作業を行う」「②ステップ０（SNSなどからの発信力）を強化する」ことを続けましょう。

ビジネスをする上では、**フロントエンド商品への集客が安定していること**がとても重要になります。たとえ偶然バックエンド商品が売れたとしても、次のお客様候補となるフロントエンド商品の購入者が枯渇《こかつ》していては、ビジネスの継続が見込めないからです。

フロントエンド商品に集客できない人は、前述の２つのポイントをチェックします。

あなたのフロントエンド商品の特徴は何でしょうか？　50点の「知」の5（139ページ）で考えた特徴（対象者、いつどこで使うのかなどの利用場面、顧客が感じる価値、機能そのもの、外観など）と同じように、もう一度考えてみましょう。

フロントエンド商品は、バックエンド商品とは違って無料や低額なので、バックエンド商品ほど強力な魅力や特徴がなくても大丈夫です。ですが、理想の顧客にとって**「とりあえず手に入れておきたい」と思わせる**程度の魅力とアイキャッチを備えておく必要があります。

自分で考えることが難しい場合には、**同業他社やライバルの商品から学ぶ**という方法もあります。自分と同じようなことを考えている人のフロントエンド商品を購入して、購入者がその商品を選んだ理由やその商品の強みを探るというやり方です。クリエイティブが苦手な人は、このやり方をしたほうが、手間や時間を大きく省くことができるでしょう。

他者（他社）の商品の内容をチェックする際に、いくつかポイントがあります。

まず、**販売している人の個性**です。ノウハウ系、スキル系の場合には、これがとくに重要になってきます。その人の経歴、性格、価値観、話し方、顔、服装、髪型、歩き方、なぜその人が選ばれたのか、自分が真似できるところはあるかを観察してみましょう。

次に見るところは、**商品の提供方法**、**場所**、**タイミング**などです。たとえば、あなたのフロントエンド商品が「プロダクト系のお試し」であれば、最近よくある健康系アイテムのフロントエンド告知を研究してみましょう。

「通常価格○○円のところ、破格キャンペーンで○○円（75％オフ！）、明日になると通常価格に戻ります」のように、期間限定、条件付きで特別割引をすることなども考えられます。とりあえず使ってもらって、リピート購入を狙ったり、試用期間が終了したあとの本契約を狙ったりするやり方です。真似できるところがあるかもしれません。

プロダクト系以外の場合でも、セミナー動画をダウンロード販売していたり、購入者に無料スカイプ面談サービスを提供したり、平日の早朝にコンサルティングをしたり、狭いカフェスペースではなくホテルのラウンジでカウンセリングをしたり、理想の顧客が「魅力的だ」と感じるように、フロントエンド商品の提供方法を工夫している部分があるはずです。注意深く観察して、取り入れられるものは真似していきましょう。

もうひとつ、チェックしたいポイントは、**フロントエンド商品そのもの**です。

仮にあなたが、美味しい神戸牛をバックエンド商品として用意しているとします。その神戸牛を売るためのフロントエンドは、1センチ四方に切って爪楊枝《つまようじ》に刺した神戸牛ステーキの試食です。そして、今日買ってくれた人に、ちょっとだけグラム数をおまけするキャンペーンも用意しました。きっとたくさんの人が買ってくれるでしょう。

ですが、あなたがお客様を満足させたいからと、大きなステーキをそのまま食べさせて、お客様に「もういいや、お腹いっぱい」と思われたら、どうでしょうか。そのあとで「ありがとうございました。無料ですからいつでも食べにきてください」といったところで、あなたの商売は成り立つでしょうか。この中に、間違いがいくつか見つかるはずです。

①試食のお肉が大きいこと
②試食でお客様の食欲を満たしてしまうこと
③お肉が大きいなら、せめて2回目からは有料にすること
④お肉の説明を何もしていないこと

こうしたことが考えられますよね。成功している人のフロントエンド商品には、このような間違いがありません。お肉は味がわかる程度の大きさですが、小さく、決してお腹いっぱいにはなりません。お客様が試食をしている最中に、なぜお肉が身体によいのか、お肉の中でもなぜ神戸牛がとくによく、どのような料理にすると美味しいのか、調理例などの紹介をします。そして、なぜ今日買うべきなのか、おまけや在庫の少なさなどについても、きちんと説明してくるでしょう。

フロントエンド商品は、ただ安いというだけではありません。あなたとお客様とのファーストコンタクトを生み出し、バックエンド商品につなぐための戦略商品なのです。利益を稼ぐための商品ではなく、信用を構築するための商品です。「売り込まれた」と思われてはいけませんし、「中身がない」と思われてもいけませんし、「大満足！　もういらない」と思われてもいけません。

他社（他者）がどのような戦略で、フロントエンドからバックエンドへの流れをつくっているのかをチェックしてみましょう。「偵察のつもりだったのに勉強になった。うっかりバックエンドを買ってしまいそうになった」というような魅力的なフロントエンドを真似していきましょう。

フロントエンドの商品力を高められたら、「ステップ０」や「ステップ１」の情報発信をしていきます。「第ゼロ印象」をよくするように発信内容を意識し、可能な範囲での自己開示をします。そして、お客様の問題解決につながる情報を紹介したり、自分のフロントエンドの特徴やよさを伝えたりします。スキルシェア系サイトを利用しているのでしたら、そこにフロントエンド商品を紹介しても喜ばれるでしょう。

3 あなたの競争優位性はどこにある？

ここまで、フロントエンド商品の特徴づくり、他社（他者）の商品を真似する際のチェックポイントなどを説明してきました。そして、読者の皆さんは、SNSアカウントの育成や情報発信を少しずつ始めていることと思います。ですが、まだ商品がひとつも売れていないという人がほとんどではないでしょうか。

売れない原因は、発信力の弱さ、信用力（実績、ブランド、お墨付き）の弱さなど、たくさんあります。順番に改善していきましょう。

まず、**発信力**です。理想の顧客が集まるサイトや媒体、SNSを利用して、情報発信をすることが必要になります。たとえば、いま利用しているスキルシェア系サイト、イベント告知をしているサイト、モノを売ろうとしている場所やサイトは適切でしょうか？　そうして、あなたの発信は、理想の顧客からどのように見えているでしょうか？　そうしたことをよく考えてみましょう。

実は、ここまでつくり込んできた商品の内容や特徴は、主に「商品を試してくれたお客様にだけに伝わるもの」が大半です。もちろん、それが必要なので、そのように進めてきたのですが、ここからはその一歩手前に注目しましょう。「よい商品をつくる」のではなく、**「よさそうに見える工夫」をしながら、情報発信をしていく**のです。よさそうに見えて、ワクワクしてくることではじめて売れるのです。

よさそうに見（魅）せる発信をするためには、まず、あなたの**競争優位性**について、さらに明確にしていきましょう。競争優位性とは、同業者や競合商品よりも、あなたやあなたの商品が優れている点であり、お客様があなたを選ぶ理由になるところです。

先ほど、他社（他者）の商品から学ぶチェックポイント（提供者の個性、提供方法、内容）を紹介しました。そのポイントがあなたの強みになっているかもしれませんし、ほかにもあなたが気づいていない強みがあるかもしれません。まだお客様がいない段階では、**仮説を立てたり、最初に設定した理想のお客様に聞いてみたりして、とりあえず自分の強みをＰＲに使ってみましょう**。お客様ができるたびに、アンケートなどで聞いていくと、次第に明確になっていきます。

たとえば、日頃、あなたが「笑顔がいい」とか「話すと元気になる」といわれているのでしたら、そのような雰囲気の写真を掲載してみたり、たくさんの人にそういわれてきたエピソードを紹介してみたりするわけです。そのような一見小さなことでも、お客様が「よさそう」と感じて、あなたを選ぶ理由になれば、それは**立派な競争優位性**です。

起業18フォーラムの会員さんの中には、強力な競争優位性を誇る人もいます。たとえば、大手製造業の技術開発職に就く斉藤さん（仮名）は、副業で海外家電メーカーの代理店業を営んでいますが、本業で培った開発力を武器にメーカーに独自の開発提案を行い、オリジナル商品を独占的に仕入れることで、他の追随を許さないビジネスになっています。

また、知り合いのデザインしたバッグをネット販売することで起業した高田さん（仮名）は、ファッションアドバイスをするパーソナルスタイリストへと事業を展開し、現在では、インスタグラムで日々発信をすることで向上したマーケティングスキルを活かしながら、インスタグラム・マーケティング代行業にまで業務範囲を広げています。ビジネスのために印象アップしたい人にとって、ファッションアドバイスをしてもらえるだけでなく、自分の情報発信まで手伝ってもらえるサービスはほかになく、高田さんを選ぶ理由になっているのだと思います。

あなたの競争優位性を見つけて、どんどん発信していきましょう！

4 キャッチコピーを考える

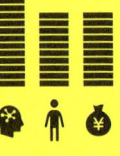

ここまで来たら、あなたやフロントエンド商品の特徴や競争優位性について、どんどん発信していきたいところですが、ここでまたひとつ、大きな壁が立ちはだかります。それは、**多くの人があなたの発信をほとんど「読まない」「信じない」、読んでも「行動しない」という現実**です。

信じられないくらいお得なフロントエンド商品を用意しても、あなたの競争優位性がどんなに素晴らしくても、知り合いがちょっと「いいね！」をくれるくらいで、市場は無反応……。そんなことがよくあります。

これは、SNSであれば、フォロワーが少ないなど、アカウントが育っていないことが大きな原因です。スキルシェア系サイトでは、多くの情報に埋もれてしまって、まったく引きがないことがあります。そんな場合には、**「キャッチコピー」**を考えてみましょう。

キャッチコピーとは、人の関心を集めるための宣伝文句のことで、説明文などを読まないような人に、商品の存在や特徴、競争優位性を効果的に伝え、興味を持ってもらうための技術です。小さなビジネスをする上では、とても大切なスキルといえます。

キャッチコピーを書くことは、それだけで本1冊が書けてしまうくらい奥の深いスキルなので、難しい技術を追求しだすと大変です。キャッチコピーのプロになるわけではないので、街中の看板や電車の中吊り広告、通販雑誌、本の題名や帯などで秀逸なコピーを見つけたら、メモをとって残しておきましょう。自分のビジネスに合わせてリライトすれば、とてもよい練習になります。

キャッチコピーには、さまざまなタイプのひな形があります。初心者でも使いやすいものは、以下のようなものです。

①「悩み→望む未来」タイプ
②「行動→望む未来」タイプ
③「なぜ→望む未来」タイプ

それぞれ説明していきましょう。

①「悩み→望む未来」タイプ

理想の顧客が、「逃げたい（避けたい）と思っている痛み」と「やりたくないこと」、そして「手に入れたい結果（望む未来）」がわかっていれば、それをそのまま文章にすることで、コピーにすることができます。

【40代じゃ転職できなさそうだなぁ】【できたとしても、年収が下がりそうだなぁ】と悩んでいませんか？　実は【年収を下げずに】【40代でも転職できる】方法があります。

ここまで商品や理想の顧客について考えてきたあなたにとっては、比較的簡単に書けるキャッチコピーだと思います。

②「行動→望む未来」タイプ

次は、解決するための行動にフォーカスするタイプです。前のタイプは、「年収を下げずに」として、具体的に何をするのかには触れていませんが、こちらのタイプでは、行動の説明まで踏み込みます。

もし、あなたが【24時間以内に会員登録】をしてくれるのなら、40代向け非公開求人が閲覧し放題、そして【年収を下げずに転職できる】チャンスが手に入ります。

行動

望む未来

「理想の顧客にしてもらいたい行動」と「その行動をした結果、その人が得る未来」を当てはめれば、すぐに完成します。

③「なぜ→望む未来」タイプ

最後は、少し実績がついてきたあとに使うと効果的なコピーです。「なぜ」を使うことで、理想の顧客に強い関心を持ってもらうための書き方です。

なぜ、【スキルも経験もない40代会社員】が、わずか【5分の会員登録をしただけ】で、【年収を下げずに転職する】ことができたのか？

厳しい現実

やるべきこと

望む未来

「現在の厳しい状況」と「問題解決のためにやること」、そして「望む未来」の3つがわかっていれば、できあがりです。その3つを使って「なぜ」で問いかけると、「なんだろう」

と興味を持ってもらえるのです。

このようにキャッチコピーをつくることで、少しでも自分の商品に関心を持ってもらい、効果的に情報を伝えることができます。

キャッチコピーでお客様の関心を惹きつけたら、そのまま商品の説明文も読んでもらいたいですよね。説明文の書き方にも、キャッチコピーと同様に、さまざまなひな形がありますます。ここでは、初心者にもすぐ使える、最も簡単なものを紹介します。次の質問に答える形で、商品の説明文も魅力的に書き直していきましょう。

質問1　その商品は、理想の顧客にとって、どのようなメリットがあるのか？
質問2　なぜメリットがあるのか？　なぜ、それがメリットなのか？　その証拠は？
質問3　あなたとあなたの商品の競争優位性は何か？
質問4　あなたとあなたの商品の特徴は何か？

スキルシェア系サイトなどに、商品説明の文章を書いたことがある人は、その文章にこれらの質問の答えが含まれているかどうかをチェックしてみてください。

キャッチコピーと合わせて効果的に書かれているかどうか、読み返して修正をしてみましょう。

ここでちょっとした事例を紹介します。

白石さん（仮名）は、趣味でやってきたアフィリエイトのノウハウを活かして、ブログ教室（ブログのコンサルティング）で起業しようと考えました。しかしながら、副業ブームのいま、世の中には似たような塾がたくさんあります。白石さんは、どうすれば強みを出せて、自分の教室を選んでもらえるのかを考えました。

彼はまわりの人たちに意見を聞いたり、ニュースなどから社会の流れをチェックしていたところ、お子さんを抱えているシングルマザーに強い副業意欲があることがわかったそうです。「仕事、子育て、家事と忙しい中で、余力のある日には少しでも稼ぎたい。でも、夜に在宅で、自分のペースでできる副業は、ネットワークビジネスや収入の低いアンケート調査など、あまりよいものがない」という声があったのです。

白石さんは、これまでのアフィリエイトの経験から、正しいやり方をすれば、月に3万～5万円くらいは稼げることがわかっていました。それ以上の収入となると、高レベルの努力を要するのですが、シングルマザーのウォンツはそこまで高いレベルではないこともわかりました。

そこで彼は、ホームページで、次のような告知を開始しました。

忙しいシングルマザーでも、【スキマ時間に大好きなことを書く】だけ。お子様と一緒の時間が増えて、【リスクゼロでブログから在宅収入を得る】ことができます。

行動

望む未来

すると、瞬く間に、セミナーを連日満員にすることに成功しました。**理想の顧客を絞り込み、悩みや問題点を明らかにしたからこそ、伝わりやすいメッセージが書けた**というわけです。

5 会社員のまま継続できるのか、再チェックしよう

ここで、いったん、これまでつくってきたビジネスの振り返りをしてみましょう。

フロントエンド商品、バックエンド商品を磨き、それを売るための情報発信について考えてきましたが、それらすべては、会社員のまま実行、継続できるものになっているでしょうか？　会社を辞めて、もっと時間を使えば売上が上がる見込みがあるのなら、現時点での売上は小さくてもかまいません。ですが、たとえば、企業訪問を繰り返さなくてはいけないバックエンド商品を準備してしまうと、有給休暇がなくなれば、それで終わりになってしまう可能性もあり、とてもリスキーです。

ここでは、次の7つを確認しておきましょう。

チェックポイント1　副業のまま続けられそうか？

まずは、「そのビジネスは、しばらく副業のまま続けられそうか？」ということです。

気持ち的にではなく、物理的に厳しいと感じる場合、それはどこかに無理がある証拠ですから、そこを修正していく必要があります。

お金がかかりすぎる。
高額な借り入れが必要になる。
時間がかかりすぎる。
本業の会社にいる時間に副業をする必要がある。
たくさんの人を巻き込まなければならない。

このように感じた場合、どうすればビジネスを続けていけるのかを考え、そこを修正する必要があります。たとえば、コンサルティングは、相手の都合に合わせて行うことが多いですが、セミナーにすれば、こちらが決めた開催時間に人が来てくれるようになります。時間をかけて自分で作業をするよりも、プロに依頼すれば、短時間で高品質なものが仕上がってきます。**手間とお金のバランスを考え、副業として続けていける仕組みを構築**してこそ、低リスクで起業準備を進めることができるのです。

チェックポイント2　需要があるか？

何度も確認をしてきたことですが、市場からの反応がない場合には、需要についてもう一度チェックしましょう。単にやりたいことだけを並べて、「まったく反応がない」と思っていないでしょうか？　身近に需要があり、それに対して、あなたの好きなことや得意なこと、やりたいこと、やっていて楽しいことを通じて貢献する。それが基本形です。

私自身も、20年以上前に海外在住の日本人向けに情報発信を始めましたが、それは、海外に住むたったひとりの友人からの「日本の就職活動情報が欲しい」「東京はどこに住んだらいいの？」といった情報提供のリクエストに応えたことがきっかけでした。最初は適当に手紙を書いて送っていましたが、「より詳細を知りたい」「友人の友人も、もっとたくさんの情報を知りたがっている」といわれ、強いウォンツがあることを知り、ホームページで情報をまとめて公開するようにしました。すると、そこにスポンサーがつき始めて、最初のビジネスの形ができていったのです。

チェックポイント3　フロントエンドとバックエンドがペアになっているか？

まず客寄せのために、低額や無料で試してもらう「フロントエンド商品」。十分な利益を出すための商品である「バックエンド商品」。この2つの組み合わせがチグハグになっていると、フロントエンドには人がくるけれど、バックエンドがまったく売れない、という状態に陥ってしまいます。高級梅干しを売りたいのに、ケーキの試食をやってしまえば、人は集まっても梅干しはほとんど売れないでしょう。**フロントエンド商品を使って、いかにバックエンド商品に興味のある人を集められるか**が大切です。

また、フロントエンド商品に集まってくる人は、よく見て選別していく必要があります。バックエンド商品に興味はあるけれどお金を払うつもりがない人、フロントエンドの価格が安いからという理由だけで集まってくる人――、つまり、試食品だけでランチを済ませようとする人ばかりが来ていたら注意です。もちろん、すべてをコントロールすることはできませんが、告知文を修正したり、来てほしいお客様を明確に示すことで、客層を変えることができます。

チェックポイント4　モチベーションに左右されない仕組みができそうか？

起業準備自体は半年もあれば可能ですが、その後、しっかりと軌道に乗せるまでには短くても1年、長ければ2、3年かかることが一般的です。会社員のままやるのですから、忙しい時期があったり、会社で嫌なことがあると、なかなか進まなくなってしまったりと、どうしても波があります。

私たち人間は、基本的に、流れが悪い状態になると「生命維持装置」が働くのでしょうか、新しいことをやめて、挑戦することをあきらめ、元の状態に戻ろうとします。起業準備に関しても同じです。そもそも一歩も踏み出さない人が大半ですが、せっかく踏み出した人でも、壁に当たったとたんにすべてをあきらめ、会社員に戻ろうとする人がたくさんいます。それはそれで、その人の人生です。起業であろうが習い事であろうが、一定の割合でそのような選択をする人が存在するので、私が何かいうこともありません。

ひとつアドバイスさせていただくとしたら、**「いまが一番よい状態だから、早く、いまのうちに、悪い波がきても大丈夫なように、仕組みをつくってしまおう！」**ということです。悪い波の中で、お店を立ち上げるのは大変ですが、すでにお店ができていれば、少し休んだり、その間、アルバイトの人に任せたりして凌《しの》げるので、すべてを捨てる必要はなくなります。待っていてくれるお客様がいるのなら、またいつか始められるのです。

そこまで大きな事態でなくても、日々アップダウンするモチベーションに合わせて、作業がはかどったり停滞したりしていては、起業準備はなかなか進みません。多少気分が落ち込んでいても会社に行くように、お店が社長のモチベーションに関係なく日々営業をするように、**モチベーションとオペレーションを切り離す**ことが大切です。

というと、「早くしよう」と焦ってしまうかもしれません。ですが、そんなに真面目に考えずにいきましょう。やる気のある日は商品づくり、やる気の出ない日はレシートの整理、たとえばそんな風に作業を仕分けして、粛々と進めていきましょう。避けたいのは、「何もしなかった」ことが「今日も何もできなかった自分」となり、自己嫌悪的な感情が積みあがっていくことです。

チェックポイント5　同業他社にない競争優位性があるか？

よく「すべては真似から始まる」といわれます。本書でもたびたび触れてきたように、ビジネスにおいても、それは同じです。真似し、真似され、私たちは成長していきます。しかし、せっかく努力してオリジナリティを育ててきたものが、あっという間にコピーされてしまうようでは、落ち着いて仕事に取り組むことができません。

そうならないためにも、**簡単には真似のできない個性を持っているかどうか**を常に意識していきましょう（商標登録などで知的財産を保護することも忘れずに）。いまは完璧でなくてもかまいません。この先、ビジネスをしていくにあたって、ひとつひとつは大きな特徴でなくとも、組み合わせると、ほかに選択肢がないような個性が生まれます。また、個人的な関係性を考えると、ほかの人に依頼する気にならないということもあります。どんなことでもかまいません。

たとえば、私がよく利用しているレンタル会議室は、ほかの会議室に比べると割高です。とはいえ、内装にもとくに差がありませんし、いつも使っているからといって特別なサービスをしてくれるわけでもありません。ですが、「駅から近い」「近隣に小さな部屋と大きな部屋が揃っている会場がない」「日曜日も営業している」などの条件が揃っているため、いつもそこを利用してしまいます。リスク分散のためにも常にリサーチは欠かしませんが、なかなか代わりが見つかりません。これこそ、競争優位性だと思います。

このように、あなたが選ばれる理由を、たくさんつくっていきましょう。

チェックポイント6　アウトソースできる部分があるか？

ここでは、自分のビジネスや業務フローを分解して、組織図やプロセスを書き起こしてみましょう。まずは組織図。あなたのビジネスを遂行するために必要な部門と部門長を、書き出してみます。

さらに、それぞれの部門の業務を書き出します（次ページ参照）。

細かく書けばまだまだありますが、ざっくりと書くとこんな感じです。営業も秘書業務も、仕事を書き出すことで「見える化」していきます。

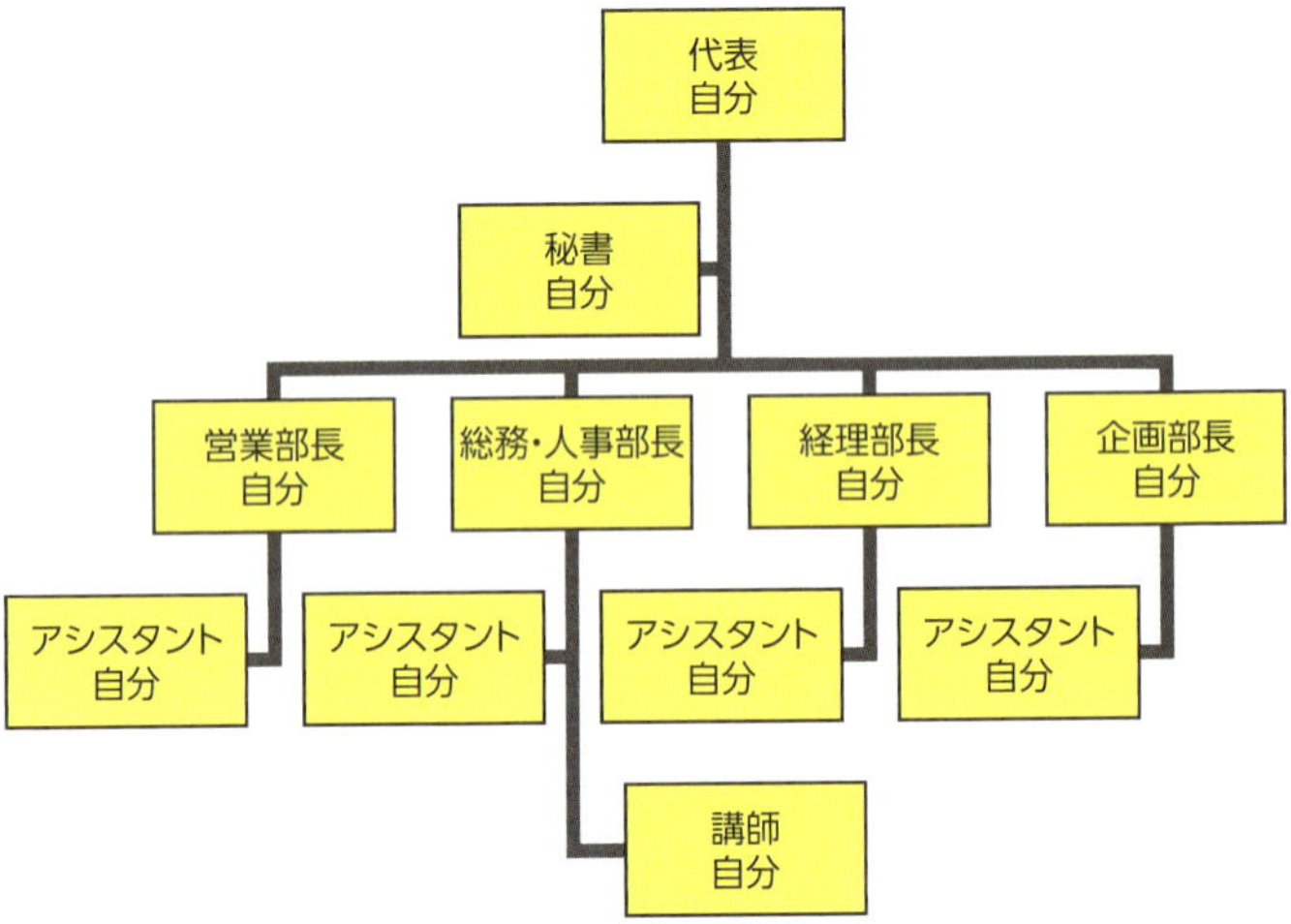

〈例1〉経理部門

日次業務

現預金の管理（現金の出入り、預金口座の出入りの確認）

領収書の整理（用途を裏にメモして、決まったジッパーバッグに入れる）

郵便物の整理（請求書などをファイルにまとめておく）

月次会計処理

①証憑《しょうひょう》の入手（請求書、領収書、レシートをまとめたものなど）

②会計ソフトへの入力、入金の確認（銀行やカード会社のデータ入手含む）

③支払い

④請求書の発行

⑤資料の作成（損益計算書、貸借対照表、キャッシュフロー計算書など）

次に、それぞれの業務におよそどのくらいの時間がかかるのかをメモしていきます。

月次会計処理

①証憑の入手（10分）
②会計ソフトへの入力、入金の確認（3時間）
③支払い（30分）
④請求書の発行（30分）
⑤資料の作成（30分）

ざっくりでかまいません。「順調にいってこのくらいかかる」「合計が合わないときには、間違い探しに1日かかってしまう」くらいの感覚で大丈夫です。

このように組織と業務を「見える化」すると、**外注できる分、外注すべき部分が見える**ようになります。好きでも上手でもないために生産性が低くなっている部分を、専門家に任せるのです。

外注を進める場合、まずは「アウトタスク化」から始めましょう。つまり、プロセスの一部分を任せていきます。前述の例でいえば、②と⑤を税理士事務所に任せるという感覚です。会社が大きくなれば、たとえば家族を社員にして、旦那さんや奥さんを経理部長として、裁量権ごと渡してしまう「アウトソース化」もできるようになるでしょう（※厳密にいえば、この例では社内で仕事を振るだけなので、アウトソース化とは呼びませんが、自分の手から丸ごと仕事を切り離すという意味で、あえてそう呼びます）。

私の場合、最初にアウトタスク化したのは、営業アシスタント業務でした。電話秘書、事務代行と幅を広げていき、いまではアウトソースレベルでお任せするようになり、セミナー会場の予約から勉強会会場の設営など、私が苦手とする細かい仕事をずっと手伝ってもらっています。次のアウトタスクは、税理士との顧問契約です。毎月の決算の手間がなくなり、自社のさまざまな数字も知りたいときにわかるようになって、とても気分が楽になりました。起業18フォーラムの講師チームも、専門能力を提供してもらっているアウトソースチームです。コアメンバーは、もう10年以上も業務提携をしてくれている大切な仲間です。

実は先日、ここ2年ほど一部の講座をお任せしていた講師が急きょ辞めることになり、とても困った状態になりました。私が登壇することで影響なく仕事を進めることはできましたが、講師のような核となる業務は、代わりになれる人が簡単には出てこないため、常にリスクを想定しておかなければならないことを痛感しました。同時に、10年以上も一緒にやってくれているメンバーに、改めて強い感謝の気持ちを持ちました。1人で起業しても、人の大切さを学ぶことは多い。そんな風に思った出来事でした。

さて、あなたのビジネスには、アウトタスク化できる部分がありそうでしょうか？　いますぐには必要なくても、**ここから外に出そうと思えるところがあったら、メモをしておきましょう**。簡単な業務マニュアル、プロセス図などをつくっておけば、いざというときに便利です。

また、「経営を丸投げして自分はハワイ生活」などの話は、多くの人が憧れる究極のビジネスオーナーの姿ですが、実業の道を選んだ以上は、そこまでいくのは簡単ではありませんし、時間もかかります。まずは周辺業務から、少しずつアウトタスク化していくようにしてください。

チェックポイント7　稼げるか？

起業準備を楽しく進めるためには、早くお客様を持つことが大切です。お客様がいると、モチベーションも下がらず、一時の感情であきらめてしまうことも避けられます。つまり、1円を早く稼いでしまって、流れをつくることが重要なのです。かといって、いつまでも小銭稼ぎをしていても、起業への階段を上がっていくことはできません。

副業のお小遣い稼ぎと、起業準備のための副業の大きな違いのひとつが、**バックエンド商品の有無**です。もちろん、例外もあります。管理栄養士の資格を持つ中村さん（仮名）は、管理栄養士になるためのプチ講座を始めたところ、1人5000円で毎回30人以上が集まるようになり、月に3～4回の講座を定期開催できるようになりました。フロントもバックも考える前に、それだけで立派なビジネスになってしまいました。

ただし、通常は中村さんのようにはいかないことがほとんどですから、バックエンド商品を売って、きちんと利益を出せるようにしなければなりません。会社員のうちは、時間的にバックエンドの提供が難しいようでしたら、フロントエンド商品の提供に集中するというのもひとつのやり方です。あるいは、代理店方式にして、バックエンド商品が売れたら紹介して終わり（丸投げする）というビジネスモデルだってアリです。

いずれにせよ、生活できるレベルのお金が稼げるのか、いまは無理でも、会社を辞めて時間が確保できれば稼げる見込みがあるのかをイメージしてみましょう。

1 「引き寄せ」は本当に得！

ここまで、「同レベルにいる人」「志を同じくする人」「否定せずに味方になってくれる人」などとお付き合いをし、「勧誘をしてくる人」「お説教をしてくる人」「行動していない教え好きな人」とは距離を取るようにご説明してきました。気持ちが折れないように、前向きでいられるように、人からの影響をコントロールすることはとても大切です。

ポジティブな影響のある人脈が増えたと思ったら、25点の「人」の4（83ページ）で作成したマトリクスに追記していきましょう。しかし、まだまだ少ないかもしれませんね。いかに自分に「人のチカラ」が足りないのかが実感できるでしょう（※すでにたくさん持っている人は、いますぐ本書を転売して、さっさと起業してしまったほうがいいかも!?）。

多くの人が気づいているとは思いますが、大人になるほど、人脈は簡単に手に入らなくなります。私の場合は、とても人見知りなので、人に会いにいくことなどまずないですし、ビジネスをしていなかったら、本当に独りぼっちだったと思います。ビジネスをして、本やネットで情報を発信しているからこそ、一部の人に共感してもらうことができ、セミナーや面談に来てくれる方とつながりが増え、いまの自分を形づくっています。

さて、75点の「人」のチカラは、**「自分にポジティブな影響を与えてくれる人脈づくり」**であり、それを増やすことがテーマです。では、どうすればそのような人脈を、時間もお金もない会社員がつくることができるのでしょうか?

50点の「金」の2(156ページ)でご紹介した「生き金」でも触れたように、人間関係の構築には、ある程度のお金がかかりますが、実は、それを最小化する方法があります。それが**「引き寄せ」**です。引き寄せといっても、自己啓発セミナーにお誘いしているわけではありません。自分からあちこち尋ねていってお金を使うよりも、「自分で旗を立てて発信し、そこに共感して集まってきてくれる人とつながっていくほうが早い」ということです。

そのような形で集まってくる人の中には、あなたを利用しようとしている人や、売り込みをかけてくる人もいますが、あなたの価値観や考え方に共感、賛同してくれて、あなたとつながりたいと思って集まってくる人たちもたくさんいます。理想のお客様も、未来のビジネスパートナーも、きっと含まれているでしょう。

人を引き寄せようと思ったら、**与える側に回る**ことです。くれくれと追いかけてくる人よりも、求めているものを与えてくれる人のところに、人は集まってきます。

2　インフルエンサーとつながる（顧客編）

インフルエンサーという言葉をご存じでしょうか？　ウィキペディアによると、「世間に与える影響力が大きい行動を行う人物のこと」とあります。あなたの身近にもいませんか？　会社でボス格の人、うわさ好きの人、情報通の人がいるでしょう。近所のジム仲間やママ友にも、なぜか影響力を持っている人がいると思います。その人たちも、ある種のインフルエンサーです。敵に回すと厄介ですが、好かれるとなかなか頼もしい、そんな存在でもあります。

小さなビジネスをするときに、このインフルエンサーの存在を無視することはできません。自分一人の発信力では、多くの人に知ってもらうのには限界がありますし、私たちは広告宣伝費も多くはかけられません。となれば、**人から人に情報が拡散していくクチコミやSNSでの発信を活用する**しかありません。そんなとき、インフルエンサーは、ありがたい存在なのです。

もし、お客様で、ＳＮＳを積極的に使っていて、多くのフォロワーを持っている人がいたら、ぜひ感想を投稿してもらうようにしましょう。その投稿を、あなたがお礼と共に、さらにシェアしたりリツイートしたりして、拡散していきます。自分で自分のことを発信するより、よほど効果的で、お客様の発信力によっては、無料でサービスを提供してもかまわないくらいの価値があります。

クチコミも同じです。クチコミ効果を大きくするためには、**紹介を受けた人が得をする仕組み**をつくっておくと、クチコミした人も、紹介を受けた人も喜んでくれる良好な関係ができます（※ネットワークビジネスの場合は、知り合いも知らない人も関係なく、「自分が得をするため」に勧誘しまくるものなので、普通の人は気が引けちゃいますよね）。

私の過去のクライアントさんに、ヨガ教室を始めた山中さん（仮名）という人がいます。山中さんはフェイスブックの使い方がとても上手で、次々と情報を拡散させて、半年を待たずに２００人を超える生徒さんを集めてしまいました。フォロワー数の多い友だちが実際に体験して「よかった」といっている商品は、「よさそうだな」と思ってしまうものです。**第三者のお墨付き（信用力）を得ながら、発信力を高めていく**。インフルエンサーとつながることは、とても効果的な発信力の強化方法です。

3 インフルエンサーとつながる（関係者編）

ビジネスを始めると、お客様以外にも、まわりにたくさんのインフルエンサーがいることがわかります。たとえば、なんらかの**コミュニティを持っている人**や、**会社経営者**、**イベントの主催者**、**著者**、**ブロガー**などです。そのような人たちに、アプローチをする方法はないでしょうか？

私の後輩の中山君（仮名）は、いまや巨大なビジネスをする立派な経営者になりましたが、創業当時は、トークライブを主催する小さな勉強会ビジネスをやっていました。彼は、本を書いている著名人、それこそニュースキャスター級の有名人に手書きの感想文を送り、「3万円しか払えませんが、人を集めるので、ぜひ講演してほしい」と口説き続け、何人もの有名人をトークライブに出演させることに成功しました。そして、集め続けた参加者リストに呼びかけ、自らの講演会に200人もの若者を集めるようになったのです。

インフルエンサーとつながることは簡単ではありませんが、その人が喜ぶことをしてあげることが一番です。著者が何より嬉しいのは、本を売ってくれることであり、本から学んだことについてレビューをしてくれることです。中山君も愚直にそれを実践し、何人ものインフルエンサーとつながり、彼自身がインフルエンサーになりました。

「そんな地道なことは面倒だ」

そう思う人もいるかもしれません。ですが、中山君のようにやるだけがすべてではありません。私自身は、インフルエンサーと呼ばれるような影響力はありませんが、起業18フォーラムのセミナーなどで知り合った人にお礼のメールをもらったり、インスタグラムなどで自分の本の写真やハッシュタグを見つけたりすると、とても嬉しい気持ちになります。人間ですから、評価されれば、多くの人は同じように嬉しく感じるだろうと思います。いまの時代、人との距離を詰めるのに、昔ほどの手間はかかりません。ツイッターなどを駆使して、アクティブなインフルエンサーのＩＤを含めたツイートをしてみるなど、あれこれ試してみるのもいいと思います。

75点の「人」のチカラは「引き寄せ」

4 リアルでつながる場を持ってみよう

ネットビジネスや物販を選択した人でも、セミナー、ワークショップ、イベント、面談などの「人とつながる機会」を持つと、ポジティブな人脈ができやすくなります。自分が主催者であれば、勧誘を排除したり、自分の好きなように場をデザインすることができます。そして、なによりもポジティブな人脈は、楽しさ、やる気を生み出してくれます。

とくにノウハウ系をバックエンド商品とする場合、高額なサービスをネットで売るのは簡単ではありません。たとえばコンサルティングをする人は、商品概要を知ってもらうためのセミナーを開催して不安を取り除き、信頼を得たあとに無料面談に持ち込み、バックエンドについて説明するなど、リアルのフロントエンドをしっかりと提供しているのです。

また、リアルなつながりは、紹介を生みやすくなります。実際に会ったことがある人同士は、それだけ信用力も上がりますから、お互いに、第三者に紹介してもらえる確率が高まるでしょう。

5 もう1人のメンターを持とう

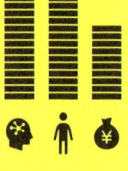

25点の「人」の5（86ページ）で「精神的に支えてくれるメンターを持とう」というお話をしました。ここまで、商品や実務について考え、行動を続けてきたあなたの近くには、また**別のメンター**が現れているかもしれません。経営、マーケティング、業界固有の専門知識など、起業にはたくさんの学びが必要ですが、それぞれの道にプロやエキスパートがいます。そうした人を次の目標にしたり、発信を細かくチェックしたりして、ステップアップに活かしていきましょう。

くれぐれも注意してほしいのは、「お困りでしたら何でも相談してくださいね。メンターになりますよ」などと契約を売り込んでくる**「メンタービジネス」「メンターもどき」の存在**です。自ら発信して集客する力がないために、他人のコミュニティを狩り場にしている輩がたくさんいます。メンターとは、人格や言動、実績に魅せられ、背中から学んでいく対象です。力も実績もない人に売り込まれ、お金を払ってなってもらうものではありません。

これまでに見つけてきた、精神的にあなたを支えてくれる人、あなたの話を聞いてくれる人、あなたのライバルも後輩も、**すべてあなたのメンター**です。あなたの成功を心から願い、あなたと共に喜び、切磋琢磨できる人の存在こそ、この先、起業家となって「冒険の旅」に出るあなたにとって、なによりも大切なものでしょう。

そんなあなたのメンターが、最も喜んでくれるギフトは何でしょうか？　それは、あなたの輝きであり、笑顔であり、彼らの想いを受け継ぐあなたの意志でしょう。応援してくれる人、してくれた人に、最高の恩返しをするためにも、この先、もう少し頑張っていきましょう！

1

値決めは経営

「値決めは経営」という言葉をご存じでしょうか？　京セラの創業者である稲盛和夫氏の言葉です。

値決めは、製品の価値を正確に判断した上で、製品一個当たりの利幅と、販売数量の積が極大値になる一点を求めることで行います。またその一点は、お客様が喜んで買ってくださる最高の値段にしなければなりません。

こうして熟慮を重ねて決めた価格の中で、最大の利益を生み出す経営努力が必要となります。その際には、材料費や人件費などの諸経費がいくらかかるといった、固定概念や常識は一切捨て去るべきです。仕様や品質など、与えられた要件をすべて満たす範囲で、製品を最も低いコストで製造する努力を、徹底して行うことが不可欠です。

値決めは、経営者の仕事であり、経営者の人格がそのまま現れるのです。

（稲盛和夫オフィシャルサイト　稲盛経営12カ条「第6条　値決めは経営」より）

経営の神様、松下幸之助氏と並び、新・経営の神様とも称される稲盛和夫氏の言葉から、私たちが学ぶことは多くあります。

ビジネスがうまくいくもいかないも、商品価格をどのように設定するか次第です。薄利多売にするのか、利益を大きくして少量販売にするのか、フロントエンド商品とバックエンド商品をそれぞれいくらにするのか――、**価格戦略は経営戦略そのもの**といってもいいでしょう。

50点の「人」の4と5（151、152ページ）で、価格に対する意見は話半分で、というお話をしました。会社員から起業を目指す場合、どうしても実績のなさや、人によっては資格がないことに対する自信のなさから、低すぎる価格を設定してしまうことが多くなります。逆に、根拠のない自信から、信じられないような高値をつけてしまう人がいることもお話しました。この両者は、つまり、なんの考えもなく価格設定をしているのであり、もしかすると、毎月もらっているお給料は、お客様が支払ったお金から捻出されていることを忘れてしまっているのかもしれません。

私が過去に出会った起業を目指していた男性は、エクセルやワードを活用した仕事効率化のワンコインセミナーを開催していました。生徒から、よくわからないといわれれば、時間を延長したり、補講をしたりして対応していたため、会場費やテキスト代を差し引くと収支はいつも赤字でした。もちろん、これを戦略的なフロントエンド商品として、そのあとにつなげているのでしたら問題ありませんが、彼の場合には、そのような知識もなかったため、「自分にはビジネスの才能がないし、利益の出る商品も思いつかない」と、起業をあきらめてしまったのです。

このように、原価を考慮せずに販売価格を決めてしまったり、戦略なき安値を適用してしまうと、ビジネスが続けられなくなってしまいます。

値決めのミスは、ビジネスそのものの継続に大きく影響します。適切な自分の人件費を含めた原価をきちんと算出し、戦略的な価格をつけることが極めて重要です。

2 原価の算出方法は？

75点の「金」のチカラでは、適切な価格設定についてお話していきます。そのために、まず、あなたの商品のおおよその原価を把握することから始めましょう。会計の話になると難しくなり、動きが止まってしまうので、厳密に考えるのではなく、**だいたいの金額を把握する**ということを意識してください。

総原価の算出方法は、商品によって異なります。

プロダクト系（製造あり）　製造原価（材料費＋労務費＋その他経費）＋販売管理費
プロダクト系（製造なし）　仕入れ代金（運賃や保険、手数料込み）＋販売管理費
その他　労務費＋その他経費＋販売管理費

だいたい、このような感じです。スキル系、ノウハウ系、スペース系は、比較的簡単に計算できますが、自分で商品を製造販売する場合には、材料費や製造に要する労務費の変動が激しいため、複雑な計算が必要になります。とはいえ、大手製造業がやるような細かい計算には踏み込まず、ここでは、実際にかかる費用を洗い出して計算してみることから始めましょう。

まず、販売管理費（広告宣伝費など営業のための費用や人件費）以外の原価を見ていきましょう。

〈例〉ウォーキングレッスン（2時間）を1回開催する費用

材料費

　とくになし

労務費

インストラクター人件費　2時間2万円（税別）

その他経費

スタジオ代金　2時間6000円（税別）

自宅からの往復交通費　500円

おおよそこんな感じで、あとは細かい通信費やお茶代などの雑費が発生するかもしれませんが、ざっくりと1開催あたりの費用は2万6000〜2万7000円と把握できます。

注意点は2つです。まず、**補講や付随するアフターサービスなどの原価が恒常的に発生している場合は、忘れずに計算に含めておく**ということ。そして、もうひとつは、**「自分でレッスンをやるから」と労務費を0円で計算してはいけない**こと。そうすると、あとからインストラクターを外注することができなくなります。

プロダクト系の場合、たとえば、洋服をつくって売ろうとするなら、さらに細かい計算が必要になります。ざっくりと項目を出すと、次のようなものがあります。

〈例〉衣料品の製造販売

材料費

生地代　メーター単価や幅など、条件、デザインによって異なる

副資材　裏地、ファスナー、ボタン、タグなどの附属品、デザインによって異なる

労務費

縫製代　外注、国内、海外など、条件によって異なる

その他経費

輸送費　量や回数など、条件によって異なる

関税　商品の種類、条件によって異なる

保管費　自宅、レンタル倉庫など、条件によって異なる

初回の生産までには、デザイン代、パターン代、サンプル代のような商品開発にかかる費用や、商標登録などの費用もかかります。

デザインが同じでも、ロットごとに選ぶ生地や生産数などによって製造原価が変わる可能性があり、初回生産にかかった費用が、次も同じになるとは限りません。よって、**標準原価計算と実際原価計算の2つの組み合わせで判断していく**ことが理想的ですが、そこまでするのは大変なので、初回生産時の費用を整理し、目安として最大このくらいになるという感覚を持っておきましょう。

3 販売管理費は想像した以上にかかってくる

販売管理費の正式名称は**「販売費および一般管理費」**で、販管費《はんかんひ》とも呼ばれ、販売に関する経費のことを指します。

主な項目として、人件費、広告宣伝費、流通経費、事務所家賃、その他営業活動をするための費用などが挙げられ、自分の人件費もここに含まれます。

販売管理費には、売上高に関係なくかかる**固定費**が多く含まれます。日本は長くデフレが続いていましたが、最近では、さまざまな費用が値上げされるようになってきました。油断すると、あっという間に経費が膨らんでいきますので、**きちんと月次で集計をして、コストが増えないよう目を光らせておきましょう**。

4 商品の販売価格を決める

価格と購入意向の関係は、その人の置かれている状況によって異なります。たとえば、ボーナスをもらった直後と、給料日直前では、お財布の紐《ひも》の固さが違います。ですので、誰に対しても同じように「10万円なら買いますか？」と聞いたところで、信頼できる回答は得られません。また、「いまは起業準備中なので、このレッスンは1000円でやっていますが、将来、5000円にしても買ってもらえますか？」と聞いても、単純な値上げですから、買いたくないと感じる人が多くなるでしょう。

では、いったい、どうすれば、稲盛和夫氏の言葉のような「製品の価値を正確に判断した上で、製品一個当たりの利幅と、販売数量の積が極大値になる一点を求める」ことができるのでしょうか？「お客様が喜んで買ってくださる最高の値段」とは、いったい、いくらなのでしょうか？これは**商売をする人にとっては、永遠の課題**ともいえます。

価格の決め方には、さまざまな考え方があります。主なものは、次の通りです。

・地域の相場に合わせる
・業界、ライバルの価格帯に合わせる
・お客様の懐事情に合わせる
・原価に一定の利益を乗せる

定額制にしたり、会員制にしたり、オンラインにしたり、提供方法を変えることで価格優位性を出す場合もあり、各社知恵を絞って競争しています。やり方はどのようであっても、正解はただひとつ「製品一個当たりの利幅と、販売数量の積が極大値になる一点を求める」ことです。

私は経験から、**「自分が働いた分しかお金にならない商品」**と**「自分が働いていない時間も売上があるタイプの商品」**とでは、適切な価格設定の方法が異なると考えています。

「自分が働いた分しかお金にならない商品」とは、たとえば、プロダクト系なら、カスタマイズ品、一点モノの販売や改造、修理などがそれにあたり、それに費やした時間や相手にした人数分しかお金になりません。

もう一方の「自分が働いていない時間も売上があるタイプの商品」とは、たとえば、次のようなものがあります。

プロダクト系　量産品の販売など
スキル系　外注を利用、ツールやロボットによる作業など
ノウハウ系　動画コンテンツ販売など
スペース系　外注を利用、紹介や誘導をして終了するマッチングなど

会員制ビジネスなどもそれにあたるでしょう。

私のまわりには、前者の「自分が働いた分しかお金にならない商品」で、価格設定を間違えてしまい、苦労している人がたくさんいます。それゆえ、起業18フォーラムの会員さんにはいつも口を酸っぱくして、**「戦略的価格設定」の重要性**をお伝えしています。

たとえば、ヨガ教室を主催する場合を考えましょう。講座集客サイトにいる競合他社の相場から、1レッスン90分（会場は2時間予約）で、1500円の料金にしたとします。生徒の集客は毎回およそ7～10名。サイトに20％の手数料を払い、スタジオ代を払うと、マイナスの収支です。いったい何人集めて何回レッスンをすれば、生活できるレベルの稼ぎになるのでしょうか？　これでは、まったくお話になりません。

このような場合、必要なのは「戦略」です。たとえば、次のように決めるのです。

- ・このレッスンをフロントエンド商品とする
- ・バックエンドの販売で、営業利益として月に50万円欲しい
- ・バックエンドの成約率を10％とすると、フロントエンドに月40人集めたい
- ・フロントエンドからの利益は見込まない
- ・月４回開催（これが限界）
- ・よって、フロントエンドは３２５０円で40人集客が目標になる

月間開催コスト内訳

スタジオ代　２万４０００円
人件費　８万円
サイト利用料　２万６０００円

そこで、さらに考えます。「３２５０円で売れるか」「月40人の集客は可能か」という問題です。「相場の倍以上なんて無理」といってしまえば、それまでですが、まずは３２５０円でも来たいと思ってもらえるレッスンをつくること。それこそが起業だといえます。

次に、40人の集客です。毎月安定的に40人を集めるのは、かなりハードルが高いことで

す。となれば、開催回数を増やせるか、人件費を抑えて価格調整できないかなど、さまざまな角度からの微調整を検討します。

なんとか調整できたとして、利益はまだゼロですから、フロントエンドのお客様40人に対して、バックエンド商品（パーソナルレッスン）をPRして売らなければなりません。

・営業利益で月に50万円欲しい
・週１回開催、１レッスン２時間
・販売目標４名（成約率10％）
・バックエンドは単価15万５０００円

月間開催コスト内訳
スタジオ代　２万４０００円
人件費　８万円
その他予備　１万６０００円

成約率を高めることができれば、フロントエンドの集客目標人数を減らすことができます。そのためにも、フロントエンド商品の中身をはじめ、あらゆる数字を随時見直し、微調整をしながら、目標を達成していきます。

このように、フロントエンドとバックエンドをペアにして考え、目標から計算してバランスを取っていくと、価格設定に迷いがなくなります。相場は意識しすぎないほうがいいでしょう。

もう一方の「自分が働いていない時間も売上があるタイプの商品」の価格設定方法は、もう少し気楽に考えても大丈夫です。適正価格が見つかればベストですが、時間の切り売りにならないので、多少薄利であってもコツコツ売れ続けるのなら問題ありません。自分は、ほかの商品の販売に時間を割いてもいいですし、新しい同様の商品の開発に取り組んでもいいでしょう。

適正価格を見つける方法はいろいろありますが、たとえば以下のようなやり方もあります。理想のお客様、既存のお客様などに商品を体験してもらったあとに、次の質問をぶつけてみましょう。サンプル数は多いほどよいです。

- いくらくらいから「高い」と感じ始めますか？
- いくらくらいから「安い」と感じ始めますか？
- いくらくらいから「高すぎて買えない」と感じ始めますか？

・いくらくらいから「安すぎて不安」と感じ始めますか？

この質問をたくさんの人に繰り返し聞くことで見えてくるのが、消費者の「値ごろ感」です。価格は安ければよいというものでもありません。お刺身が10円で売られていたら、「古いのかな？」「どんな訳ありなんだろう？」と、不安に思うでしょう。値ごろ価格の最大値を見つけるために、調査を繰り返していきましょう。

このような調査は、自分で行ってもいいですが、より正確に、より短時間で結論を出してくれるコンサルティング会社に依頼することも可能です。私もよく利用しています。

Lactivator（ラクティベータ） https://lactivator.net/psm_request/

また、適正価格を見つけたとしても、原価を下げることを常に意識してください。先述のように、販売管理費などは年々上昇していきます。量産品の物販をする場合でも、仮に店舗に委託販売をお願いするとなれば、売価の6掛けなど、相手の要求する価格で卸さなければならず、適正価格そのままのお金が入ってくるとは限りません。利益を継続して出してこそ、起業家は生き続けることができるのです。

5 商品価値を上げるには？

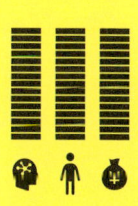

先ほどの例で「3250円でも売れるレッスンをつくることこそが起業といえる」と書きました。少し厳しい書き方をしてしまい、反省しているところですが、ここをクリアしない限り、目標を達成できないのですから、なんとか一緒に考えていきたいわけです。あきらめずについていきてください！

商品価値を高める方法はさまざまあります。たくさんのコンサルティング会社がネット上でも独自の理論を発信していますが、Ｇｏｏｇｌｅに好まれるサイトづくりの傾向なのか、どれも長文で読むのが面倒なものばかりです。もっとシンプルに伝えることはできないかと考え、まず以下の２つに分類してみました。

①商品そのものの価値を高める方法
②商品をよりよく見せる方法

75点の「知」のチカラ（181ページ〜）でいろいろな方法を紹介しました。ここでは、再度、簡単なものだけに絞り込んで説明します。

商品そのものの価値を高める

たとえば、先ほど例に挙げたフロントエンドのヨガレッスンの価値を高めようとしたら、どのようなことが考えられるでしょうか？

時間を延長する、開催日を増やす、インストラクターを複数人にする、ゴージャスなスタジオにするなど、さまざまなことが考えられますが、追加費用がかかってしまうやり方はなるべく避けたいところです。

そこで、たとえば、別の価値のあるコンテンツをくっつけて、セットでひとつのレッスンにするなど、お客様のウォンツを改めて探った上で、新しいものを提供できないでしょうか？

会社員時代に副業でヨガサロンを始め、現在は全国規模で大成功している山中さんは、創業当時、さまざまな工夫で商品の付加価値のアップに成功しました。山でレッスンを開催したり、介護施設でのレッスンや障がい者指導にまで活動範囲を広げたり、身体のみならずメンタル面の向上までを目的としたプログラムを組み込んだりと、アイデアと行動力で商品価値を高め、次々とファンを獲得し、一気に成功への階段を駆け上がったのです。

お客様を知れば、アイデアが出てくるものです。わからなくなったら、お客様の笑顔をイメージして、彼らのためにできることを考えてみてください。

商品をよりよく見せる

こちらも75点の「知」の3と4（193、196ページ）で、競争優位性の明確化とキャッチコピーで伝えることを紹介しました。キャッチコピーの解説では、3つのタイプを説明しましたが、ここではもう少し簡単なものを3つ追加で紹介します。あなたの商品に置き換えて、ぜひ使ってみてください。

①今回限り、年に1回しかやらないなどの希少性を伝える

先ほどの山中さんの例でいえば、年に1回だけ山でヨガをやるなど、限定感を出すこと

で注目を集めることができます。

②いま流行っているものを取り入れる

たとえば、ハリウッドヨガ、ヨガレイブ、エアリアルヨガなど、ヨガの世界にもさまざまなスタイルと流行があります。最新のトレンドに乗るだけで、目立つことができます。

③一点だけプチ贅沢を取り入れてアピールする

アロマ・セルフリンパケアを取り入れたり、レッスン後にホテルランチを組み込んだりすることで、ウエルネスな時間をアピールできるかもしれません。

第5章

6カ月までにやる販売力と信用力を高める

独立できるレベルの利益を出すためには？

第5章では、いよいよ100点の「知」「人」「金」の解説に入ります。ここで重要なことは、会社から離れて、自立して自由に生きていくために、利益を「副業サラリーマンレベル」から**「起業家レベル」に引き上げていく**ことになります。会社を辞められる「起業家レベル」とは、つまり、安定的売上（集客）と十分な利益の確保ができることを意味します。

100点の「知」「人」「金」のチカラを得るのに、とくに新しいことをする必要はありません。これまで学んだことの規模を拡大し、スピードアップしていくだけです。

十分な利益を確保するためには、なにはともあれ、十分な売上が必要になります。今後、十分な売上を上げるために徹底して実践してほしいことが3つあります。第1に、安定した集客基盤を構築するために、**SNSをはじめとしたインターネットからの情報発信を強化する**こと。第2に、75点の「知」で紹介した**「アウトタスク化」の積極的な推進**です。そして、**自分より格上のビジネスパートナーと組んで、事業と責任をほんの少し大きくします**。

この3つのことが実践できれば、独立に向けて一気に進んでいけるでしょう。いままでとは違う緊張感を持てるようになるはずです。覚悟が決まったら、開業届を出してしまってもよいでしょう。

あなたに向いている集客方法を探る

安定した集客基盤の構築には、情報発信の強化が欠かせません。ネットからの発信には、アプリ、ホームページやブログ、SNS、動画配信など、さまざまなプラットフォームや手法があり、何をどのように使うのかはあなた次第です。情報発信は、継続することが何より大切なので、自分の性格や行動パターンに合ったやり方を選び、続けていけるようにしましょう。

とはいえ、「何をどう使えばよいのかわからない」という人に、目安として次のような診断テストを用意しました。あなたはどのように、発信・集客を実践すべきでしょうか？「自分が当てはまっている」と思う文の□部分にチェックを入れてください。チェックが最も多いタイプが、あなたのタイプになります。

タイプがわかる診断テスト

〈タイプ1〉

□人前に出るのが好き

□美人、イケメン、華があるなどといわれる

□話がうまいといわれる

〈タイプ2〉

□モノをつくることが好き

□まとめるのが上手だといわれる（体系化やマニュアルつくりなど）

□ひとつのことを極めたい

〈タイプ3〉

□人と話すのが好き

□友達が多い

□どちらかといえば明るい性格

〈タイプ4〉

□コピーライティングが得意

□データ分析が得意

□観察眼が鋭いといわれる

〈タイプ5〉

□好きなことだけをしていたい

□個性的といわれる

□まわりに合わせるのが苦手

私のタイプは、　　　　　　　です。

では、あなたに合う発信・集客方法はどんなものがあるでしょうか。

〈タイプ1〉

自分を商品にするとよいタイプです。

ネットとリアルの両方で、どんどん集客していきましょう。本業の会社が副業ＯＫでしたら、積極的に顔を出していきましょう。副業ができる会社に転職してもいいくらいです。セミナーや交流会を主催して、商品を紹介していきましょう。ネットでは、文章よりも、動画を活用するほうが向いています。

〈タイプ2〉

クリエイター、職人タイプです。

商品をつくることができるので、途中までは速いスピードで進みますが、こだわりが強くなりすぎると、「ビジネスの前に資格取得」などの回り道をしてしまいがち。営業やマーケティングは、業者やパートナーにお願いして、どんどん売上を上げていきましょう。

〈タイプ3〉

人を集められる、紹介をしてもらえるタイプの人です。

コミュニケーションが上手なので、コミュニティ運営なども向いているでしょう。先輩に可愛《かわい》がられ、後輩に応援されるので、人とのつながりを大切にしていけば、集客には苦労しないでしょう。「人は楽しい場所に集まる」ことを忘れずに、強みを活かしていきましょう。

〈タイプ4〉

マーケティングに強いタイプです。

その才能を活かして、ビジネスをしている人の集客をサポートすれば、副業でもかなり稼げると思います。ネットからの集客だけでも大きな成果が出せる人なので、成功事例をどんどん発信していけば、低コストで高利益のビジネスを展開できるでしょう。

〈タイプ5〉

自分の世界観を持っているタイプの人です。

アーティストともいえるでしょう。ただ、セルフプロデュースやブランディングを苦手としている人が多いので、1人でビジネスをするには若干の不安もあります。家族や友人などで、マネージャーや参謀のような仕事をしてくれる人が近くにいると、才能を活かせるでしょう。

どの集客ツールがいいのか？

次ページの項目で「自分が当てはまっている」と思うものの□部分にチェックを入れてください。チェックが最も多いカテゴリが、あなたに合った集客ツールとなります。

私は、　　　　　　　　に力を入れて活動します。

【自分で発信するとしたら、どれが比較的使いやすいですか？
（複数選択可）】

□ホームページ

□ブログ

□フェイスブック

□ツイッター

□インスタグラム

□ｎｏｔｅ

□ＹｏｕＴｕｂｅ

□ＴｉｋＴｏｋ

□ＬＩＮＥ公式アカウント

□メルマガ

□検索広告への出稿

□メディアへの寄稿

□その他（各種配信アプリやＶｏｉｃｙなど）

□すべて苦手（拒絶反応が出る）

【リアルな活動ではどれができそうで、やってみたいですか？
（複数選択可）】

□テレアポ営業

□ＤＭ、チラシ、ＦＡＸ反響営業

□飛び込み営業

□イベント、交流会の主催

□セミナー、勉強会の開催

□クチコミから紹介を得る

□インフルエンサーとのコラボ

□出版

□マスコミ出演

□その他

□すべて苦手（拒絶反応が出る）

１００点レベルの信用力で、成約率もＭＡＸに

信用力について、ここまで何度も触れてきました。人間性、実績、権威からのお墨付き、そして、あなた以外の人が発信する評価・レビューなどが影響することは、ご理解いただけたと思います。

ここから先の１００点レベルの信用力は、大きくふたつの方向に分けて育てていきます。ひとつは、**市場に対する信用力**。もうひとつは、**取引先やビジネスパートナーに向けての信用力**です。

ひとつ目の「市場に対する最高レベルの信用力向上」は、**マスメディアに取り上げられる**ことで達成されます。マスコミの目に留まることを意識して行動していきましょう。テレビ出演、新聞や雑誌への掲載など、メディアに出ることは、あなたの信用を飛躍的に高めてくれます。一度でも取材されたら、その事実をＳＮＳやブログで紹介し、二次利用、三次利用して、どんどん宣伝しましょう。

商業出版もそのひとつです。「本屋さんに並んでいる本の著者」になることは、とくに形のない情報を売っている人にとっては、「最強の武器」を手にすることを意味します。

では、マスメディアに取り上げてもらうための活動とは、どのようなものでしょうか？

私個人の考えでは、**「専門家としてブログを書き続ける」**ことが第一歩だと思っています。

実は私自身、初めての出版『朝晩30分好きなことで起業する』（大和書房）のチャンスをもらったきっかけは、編集者さんが偶然、検索エンジンで私のブログを見つけてくれたことでした。次の出版の話もブログからです。その後は、最初の出版社からの次回作の依頼、台湾・韓国の出版社からの翻訳版の出版依頼、その実績を見ての紹介など、次々とチャンスが広がっていきました。

確かに、ブログよりもSNSからの発信のほうが簡単で反応も早いのですが、私は地道にブログを書いてきてよかったと思っています。ネット上に蓄積されていく情報だからこそ、編集者さんの目に留まったのです。

そのほかにも、メディアの方々に自分の情報を届ける方法があります。**ニュースバリューのあるコンテンツを用意して、プレスリリースを送る**のが一般的なやり方です。本気で勢いをつけたいときには、積極的に試してみましょう。

〈プレスリリース配信サイト〉

＠Ｐｒｅｓｓ　https://www.atpress.ne.jp/service/

ひとつだけ、忘れてはいけないことがあります。それは、メディアの方は**「あなたの商品を宣伝してあげたいとは思っていない」**ということです。あくまでも、メディアの読者や視聴者、スポンサー、最終的には自社の利益のためにやっているのです。メディアがより魅力的になって、注目されて、コストも抑えられる――、そんな、取材する側の利益に貢献できてこそ、取材される人になれるわけです。

ふたつ目の「取引先やビジネスパートナーに対する信用力向上」も、市場からの信用と同じくらい重要なものです。**独立すると、無条件に社会的な信用を失います**。どれだけ立派な仕事をしていても、クレジットカードや銀行口座の開設すら断られてしまうことがあるのです。その信用を回復させるには、法人化し、利益を出して納税し、信用を積み上げていくしかありませんが、その前に、取引先やビジネスパートナーから信用を得ていなければ、お話にならないでしょう。

取引先やビジネスパートナーから信用を得る一番簡単な方法は、**「お金を早く支払う」**ことです。逆にいえば「お金を払わない」「残高不足や期限切れなどで、銀行口座やカードから期日までにお金が引き落とせない」などの状態が繰り返されると、すぐに信用を失うことになります。**お金の管理にだらしない人はビジネスに向かない**、そう判断されても仕方ありません。

創業当初は、とくに個人事業の場合には信用がないために、費用は前払い、売上の入金は1~3カ月後になることが当たり前です。油断していると、すぐに口座残高が足りなくなり、未払いが発生してしまうので、注意しましょう。

そのほかにも、社会的な信用を向上させる方法はいくつもあります。その代表的なものが**法人成り**（個人事業を法人化する）です。さまざまな手間や税理士などへの費用は増えますが、個人ではできない節税はもちろん、融資を受けやすいなど「信用」を得られるというメリットがあります。

課税所得が年400万円を超えるレベルになったら、あるいは、年間売上が1000万円を超えたタイミング（消費税の課税事業者になった時点）で、検討してみるのもいいでしょう。

いよいよ、「知」「人」「金」のチカラを100点まで高める段階です。あともう少しなので、頑張っていきましょう。

「知」を100点まで高めて、いよいよ起業！

1 SNSは「アカウント育成」から

100点のレベルで重要なことは、十分な利益を稼げる体制を整えることです。まずは売上の拡大が必要で、そのためには自分自身の発信力を強化しなければなりません。時間もさらに必要になってくるので、アウトタスク化できることは積極的にする。そして、ビジネスパートナーができれば、事業も責任感も大きくなり、さらに本気になって、やる気にスイッチが入るということでした。

100点の「知」では、その中でも要となる**「情報発信の強化」**について、さらに補足していきます。

「情報発信を強化しよう」といっても、何でもいいから発信すればよいというわけではありません。SNSを使うなら、75点の「知」の1で説明したように、まずは**「アカウント育成」**をしていきます。いくら発信を繰り返しても、フォロワーがいないアカウントでは、誰にも情報は届きません。ここまでお話ししてきた情報発信についてまとめてみます。

・理想の顧客に合ったＳＮＳなどの発信媒体を選ぶ（※動画での発信はこれからますます盛んになる）
・アカウントを育成する
・アカウントを育成しながら、自己開示や専門家として問題解決に役立つ情報を発信し、よい第ゼロ印象を構築する
・信用を得たら、競争優位性をアピールしてフロントエンドに関心を持ってもらう
・キャッチコピーを考える

この中で、多くの人が苦手とするのが「アカウントの育成」です。まったく育成のための作業をせずに、「何を発信しようか？」と考え、わずかな発信にも時間と精神力を使ってしまうため、途中で投げ出してしまうことになります。理想の顧客にアプローチできるようになるまでには、適切な媒体を選べたとしても、**ある程度の時間がかかります**。そこは覚悟の上で、育成作業にウエイトを置きながら、少しずつ発信を続けてください。

次に、「何を発信するか」についてですが、これも間違えている人がほとんどです。最も多いのは、いきなり商品の告知を始めてしまうケースです。アカウントの育成もできておらず、専門家（発信者）としての信用も得ていない状態では、いくら発信しても無反応が続くだけです。**逆にフォローを解除されたり、ブロックされたりする**ことが多くなります。フォロワーが増えるということは、「あなたを情報源にしている人が増える」という一面もあります。発信することは「宣伝」ではありません。

とはいえ、堅いことばかりを発信していても人間味がありません。たまには、**心の温度を感じる投稿**があってもいいと思います。SNSでつながっている人の中には、あなたのファンや、人間性に魅力を感じてくれる人もたくさんいるでしょう。たとえば、こんなことを投稿してみてはいかがでしょうか？

- どんな想い、使命感を持って生きているのか？
- どんな情熱を持って仕事をしているのか？
- どんな本を読んでいるのか？
- 行きつけの飲食店は、どのようなお店なのか？
- どんな仲間がいるのか？

・家族との休日

こんなことをたまに投稿することで、もっとあなたの魅力が伝わる、とてもよいタイムラインができてきます。たくさんの人が共感してくれることと思います。

ランチ会を主催し、30〜40代のビジネスパーソンに勉強と交流の場を提供している野村さん（仮名）は、その会の様子を中心にフェイスブックに投稿を続けていました。投稿は写真中心で、しかも月に2〜3回、投稿をしていただけです。

それらの写真は、参加者の笑顔が溢れ、品がよく、楽しそうに過ごしている様子がうかがえるものばかりでした。結果、多くの投稿が人から人へとシェアされ、タグ付けされることになり、情報が拡散していきました。野村さんは、いまでは一般企業や地方自治体からコラボレーションのオファーが届くなど、フェイスブック経由でたくさんの仕事が入るようになったそうです。

「人は、喜びを共有したい」「人は、自分の立場をちょっとよくしたい」など、SNSをやる人が心の奥に持っている欲求が、ビジネスにうまくマッチした好例といえるでしょう。

「知」を100点まで高めて、いよいよ起業！

2 発信を習慣化する方法

情報発信が苦手な人にとっては、「発信を習慣化しよう」といわれるだけで、気分が重たくなります。文章を書くのが苦手だという人もいれば、発信するネタを考えるのが苦痛という人もいて、三日坊主どころか、最初の1日目から書けない人も少なくありません。

達人たちは、「毎日決まった時間に」とか「常にネタを考えておく」など、さまざまなノウハウを教えてくれます。ですが、それがそもそもできないわけです。毎日歯を磨いたり、お風呂で髪を洗ったりできるのは、それをすると気持ちがよく、しないと気持ちが悪いからです。自分の中に**「快楽の追求」や「痛みからの逃避」が起こっている**のです。

では、どうすれば、情報発信と「快楽の追求」「痛みからの逃避」を結びつけることができるのでしょうか？

いったん起業すると、自分や商品の存在を多くの人に知ってもらわなければ、仕事は得られません。だから、どのような方法であっても、「痛みからの逃避」のために発信せざるをえない状態になります。一方で、会社員のまま起業準備をしている間は、生活がかかっていないので、好き嫌いをいっている余裕があります。ですので、心の中で、情報発信と「快楽の追求」が結びつかない限り、続けることができないのです。

情報発信を続ける中で一番の「快楽」は、即「いいね!」がつくなど、リアルタイムで反応を実感できたときです。それが日常になってくると、今度は、コメントをもらったりすることが嬉しくなります。さらに慣れてくると、「いくら発信しても商品が売れなきゃ意味がない」と感じるようになって、フォロワーからの反応に鈍感になっていきます。

こうなればチャンスです。売れない苦しみから逃れるために、「もっと露出して商品を売りたい」と思うようになります。最初は「自分を隠したい」と思っていた人も、「ちょっと発信したくらいでは誰も見てくれない」という現実に気づき、目が覚めるのです。

ここまでくれば、あとは環境を整えるだけです。スマホやタブレットにアプリを入れ、すぐにメモを取れるようにするなど、発信を続けるための体制を整えます。毎日、記事をひとつ書くとか、重たい義務は必要ありません。反応がより濃くなり、商品が売れるなど目に見える成果が実感できると、情報発信はまた「快楽」に変わっていきます。

つまり、発信を習慣化する方法は、「即反応」を得ることにあります。あなた自身が、日頃、人の発信に即反応をしてあげることで、それは達成することができます。

「知」を100点まで高めて、いよいよ起業！

3 撮影マニアになろう

文章を書くのがどうしても苦手な人がいます。そういう人は、**写真や動画で勝負**です。スマホのカメラは、小さなビジネスをする起業家にとって、本当に便利なアイテムです。メモのため、発信のためなど、あらゆる場面で活躍します。何でも撮影して記録に残しておけば、あとから発信ネタとして二次利用することもできるので、手間も削減することができます。

商品に**「画力《えぢから》」**がある人は、**写真や動画による情報発信を行う**と有利です。ここでいう「画力」とは、「音や温度がなくても、それがあるかのように伝わるビジュアル力」のことです。かわいいもの、美しく華やかなもの、巨大なもの、いまにも動き出しそうなもの、ストーリーやメッセージがありそうなものなどを撮影したときに、よく感じられます。写真の撮り方やアプリの利用で、さらにその力をアップさせることができるので、ちょっと練習してみるのも悪くありません。

たとえば、起業18フォーラムの勉強会の写真を撮るとします。普通に撮れば、おじさん（私）とホワイトボード……。実につまらない画になってしまいます。それを、女性が多めで華やかな会場、お互いに笑顔でハイタッチしている写真に入れ替えてみると、見た人の印象はまったく違ったものになります。

また、起業に向けて頑張る20～50代の会社員の参加者の姿を、生の「画」で見せていくことも重要です。そうすることで、活動の実態と共に、「20～50代のあなたに参加していただきたい場所ですよ」というメッセージも伝えることができるのです。バラエティー番組のゲストに、若手芸人とベテラン俳優が同時にキャスティングされるのと同じですね。あれも、「老若男女、皆さんで楽しめる番組ですよ」というメッセージです。

最後にふたつだけ注意点をご紹介します。ひとつは、**人を撮影するときには許可を得る**ということです。そして、無関係の人が写り込んでしまった場合や、顔出しがNGの人がいる場合には、きちんとモザイク処理をするなど、**プライバシーに配慮することも忘れない**ようにしてください。起業18フォーラムで撮影した写真や動画では、大勢の人の最高の笑顔をお見せしたいところですが、私以外の人にはすべてモザイク処理を行っています。

「知」を100点まで高めて、いよいよ起業！

4 ホームページを持つ

そろそろ、ホームページの準備を始めましょう。ホームページを持つメリットは、情報発信のベースになるのはもちろんのこと、それ以上に「自分のやっていることをまとめて整理できる」「足りない部分がわかるチェックリストになる」という効果があります。**「同業者のホームページにある基本情報は、すべて自分のホームページにも掲載する」**ことを目標にしてつくり込むだけで、事業者としての体裁が整ってきます。

ホームページをスムーズにつくるコツは、**「まずは自分で仮のホームページをつくる」**ことです。そういうと、「でも、自分にはホームページなんてつくれない」と思う人も多いでしょう。でも大丈夫です。「仮」ですから。順番に説明していきます。

まず、自分でホームページをつくれるサービスを利用して、アカウントを開設します。お勧めは次のふたつです。

Ａｍｅｂａ Ｏｗｎｄ　https://www.amebaownd.com/
Ｊｉｍｄｏ（ジンドゥー）　https://www.jimdo.com/jp/

デザインを選んだり、簡単な設定を済ませたら、次は「同業者のホームページ探し」をしてください。Ｇｏｏｇｌｅで検索して細かく見ていきましょう。検索結果の上位に表示されているような会社は、いまのあなたが参考にすべきでない、規模が大きい企業です。発信に多額の予算や時間を割いている可能性が高いので、あまり参考にはなりません。検索結果を下まで見ていって、ホームページづくりで参考になりそうな同業者を３つほど見つけてください。

〈ホームページ探しのチェックポイント〉
・内容が参考になる
・魅せ方が参考になる
・デザインが参考になる

同業者のページを見つけたら、次に、そのホームページ内に、どのようなページが存在しているのかを見ていきます。次のようなページがあるでしょう。

- **トップページ**
- **会社案内（プロフィール）**
- **個人情報保護や法律についての表記**
- **商品の紹介**
- **FAQ**
- **問い合わせフォーム**

業種によって異なりますが、「自分も載せなければ」と思うページがたくさんあると思います。各ページにどのようなことが書かれているのか、たとえば「トップページには、お知らせと代表者の挨拶が載っているな」とか「左上のロゴマークの下にある横長のメニューには5個のリンクがあって、それぞれの商品ページにつながっているな。一番右がお問い合わせフォームか」など、構成を確認しながら、同様のホームページをつくっていきます。

このとき大切なのは、「いまは、とりあえず文字を入れ込むだけ」と割り切ることです。どうしてもデザインが気になりますが、無視して前に進めてください。

この作業を繰り返して、デザイン以外のホームページを仕上げます。デザインはガタガタですから、見栄えは悪いでしょう。でも、それでかまいません。きれいなページをつくったところで、商品についての説明が足りない、必要な事項が網羅されていないなどの難があれば、まったく意味がないからです。まずは他社にならったり、過去に書いた告知文やキャッチコピーを転記しながら、商品説明などの文章をしっかり作成しましょう。

ここまでできたら、次に、SNSで発信してきた写真を掲載したり、これまでの活動で集まったお客様の声などを追記していきます。もし、掲載するものがないようであれば、これらを用意するための活動を並行して続けてください。

なお、このようなホームページ作成サイトを利用していると、「ホームページをつくりませんか?」という営業電話やメールがガンガンくるようになります。それは、このようなサイトを使って、自分で一生懸命やろうとしているあなたこそ、ホームページ業者の理想の顧客だからです。ここでは、丁重にお断りしておきましょう。その理由は、次に解説します。

デザインをプロにお願いする

デザイン以外の内容が充実したら、なるべく「知り合い」や「知り合いから紹介を受けた業者さん」に、サイトの仕上げを依頼しましょう。自分のホームページと、デザインを参考にしたいホームページを見せて、「この内容でこのようなデザインにして、独自ドメインでホームページをつくりたいのですが」と相談して、見積りをしてもらいましょう。

なるべく知り合いのほうがいいという理由は、**コミュニケーション**にあります。発注する側がいわゆる素人の場合、受注する側がしっかりとコミュニケーションを取って、両者の頭の中に描かれている画を同じにする努力をしなければなりません。

ですが、ホームページ屋さんも時間勝負のスキル系のお仕事です。曖昧な指示やコロコロ変わる好き嫌いにいつまでも付き合ってくれません。「発注指示書（仕様書やワイヤーフレーム）を出してくれ」といってきます。ところが、そんなものをつくったことがない人にとって、これは非常に難しい作業になります。指示していないことは実現しません。

私も昔、適当に発注したホームページがありました。まったく使いものにならない状態のまま納入され、残骸《ざんがい》のまま、いまでも放置されています。

仮ページづくりをして、**知り合いにデザインを頼めば、上手に指示ができなくても、コ**

ミュニケーションを取りながら、なんとかしてくれる（可能性が高い）というわけです。

こうして出来上がったホームページは、それで完成ではありません。より効果的なプロフィールを書いたり、実績を追記したりしながら、**SNSアカウントと同じように育てていく**必要があります。

ホームページの訪問者は、主に、検索エンジンやSNSからやってきます。あなたの商品やあなたに興味を持った人は、必ずといっていいほどプロフィールや会社案内のページをチェックします。要するに、「この人は何者？」「安全な人？」と疑っているわけです。それゆえ、プロフィールではしっかりと自己開示をして、つくり込むことが大切になってきます。

簡単なプロフィールの書き方

プロフィールは**4つのパートに分けて書く**と簡単です。

まず、第1に**名前**や**肩書き**です。あなたが何をしている人なのか、何の専門家なのかがすぐにわかるようにしておきましょう。

第2に、**どのような経緯で現在の道に入って専門家になり、なぜお客様の問題を解決したりサポートしたりできるのか**を記載します。過去の挫折体験や転機となった出来事なども記載するといいでしょう。

第3に書くことは**実績**です。これまでの実績を記載します。こういうと、「まだ実績がない」という人がいますが、それは「ビジネスでの実績」にこだわっているから、そう感じるのです。たとえば、婚活カウンセラーとして活動したい人がいたとしたら、クライアントはゼロだとしても、「自分が過去に3回結婚した」とか「30人以上の相談に乗ってきた」とか、プライベートやいまの本業での経験にもどこかに切り口があるはずです。探してみてください。

第4に書くことは、**どのような人たちを助けたいかというビジョン**、**事業を通して世の中に貢献したいという想い**を書きましょう。

これで、とりあえずの「プロフィール」は完成です。あとは、そのつど、実績に応じてアップデートを重ねていきましょう。

検索エンジンで発見されやすくする

ホームページへの来訪者は、検索エンジン経由でやってくる人が大半です。そのため、ホームページの内容を濃くすることが必要です。世の中には、「ＳＥＯ対策」と呼ばれる、検索エンジンで上位表示を狙うノウハウがありますが、原則はあくまでも、**専門性の高い、質の高い情報を発信し、情報量を増やす**ことです（※細かいチェックポイントは２００個以上ありますが、それはもっとあとで考えればいいでしょう）。

まず、専門性の高い、質の高い情報を発信し、情報量を増やすことを始めましょう。具体的に何をすればよいのかというと、**あなたの専門性についてのQ＆Aを書き溜めていく**といいでしょう。

私も、起業18フォーラムのホームページに、「飽きっぽい私でも起業はできるのでしょうか？」「フェイスブックって、アクセスアップに効果ある？」「どうすればカウンセリングの集客数を伸ばせる？」など、実際に会員さんからいただいた質問に対しての答えを書き溜めています。質問に答える形式なのでネタが尽きませんし、読者のためにもなる記事なので、アクセスがたくさん集まってきます（※このようなやり方を**ロングテールSEO**

といいます）。

お金をかけない場合には、記事を一気に増やすことはできません。ホームページは、この先、引退するまで何十年もかけて育て続けるつもりで、時間があるときに少しずつ記事をアップしていきましょう。

（※「ＹＭＹＬ（Your Money or Your Life）」と呼ばれるジャンル〈金融、医療、法律など〉のページは、Ｇｏｏｇｌｅの仕様で、一般の個人では、自分のホームページを検索結果の上位に表示させることが非常に困難になっています）

「知」を100点まで高めて、いよいよ起業！

5 ホームページを中心とした集客の流れをつくる

いまはパソコンよりもスマホの時代です。ホームページよりもアプリ。そう考えるのが普通になってきました。Ｇｏｏｇｌｅの検索結果を見ても、上位は公的機関や大企業、お金を使って大量のコンテンツを配信している強者ばかりです。

そうなれば、アプリを使いたい人が増えてくるのが当然だと思います。少し前まで、アプリの開発費は１００万～１０００万円と非常に高く、個人がビジネスに利用するのは難しい環境でしたが、本書を執筆している令和元年６～７月時点では、少しずつ明るい兆しが見えてきた感があります。

〈アプリ作成サービスの例〉

Ａｐｐｙ Ｐｉｅ　https://jp.appypie.com/

ＪｏｉｎｔＡｐｐｓ　https://www.jointapps.net/

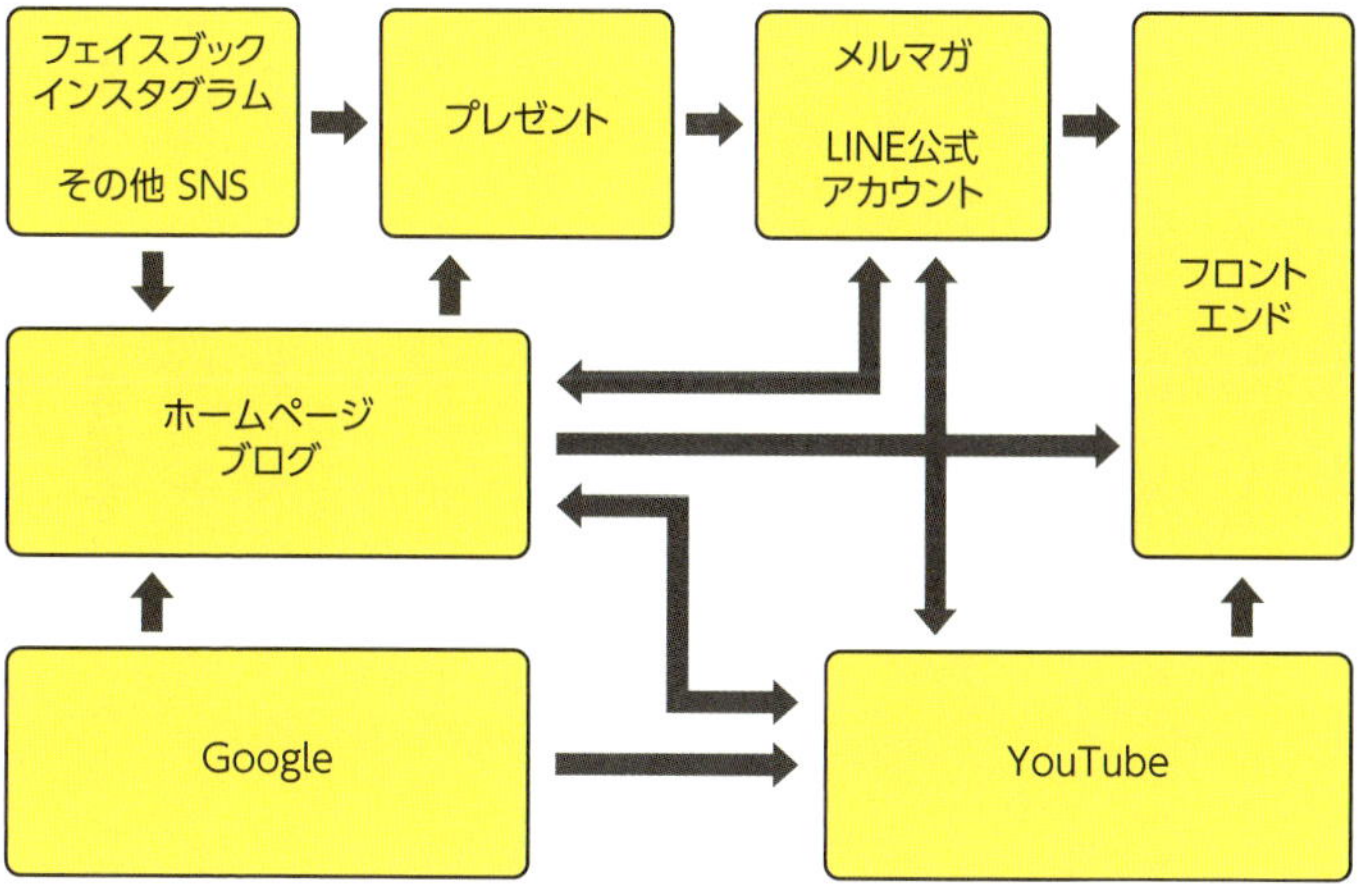

このようなサービスを使えば、安価にアプリを開発することができます。どうやってダウンロードしてもらうか、課金してもらうのは難しいので、いかにバックエンドのビジネスに誘導するかなど、考えることは多いですが、アプリと相性のよいコンテンツを持っている人は、試してみる価値はあるでしょう。

とりあえず基本となるホームページから始めたいという人は、先ほどの100点の「知」の4（263ページ）でつくったホームページを中心に、ビジネスを組み立ててみましょう。図で書くと上のようになります。

これまでバラバラに存在していた各メディ

アをこのように配置してみることで、それぞれの役割がわかってくると思います。すべての情報発信は、「理想の顧客」に向けて行われ、十分な信用を獲得したあとに、次のステップへとつないでいきます。**すべては、お客様をフロントエンドに誘導するため**に配置されています。

これらのメディアは大きく分けて、**プル型**と**プッシュ型**、**中間型**に分けられます。プル（引く）、プッシュ（押す）とは、読者が情報を閲覧するためのアクションを指します。

プル型の代表格はブログです。検索エンジンから発見してもらうことで、情報を届けることができます。

中間型はいわゆるSNSです。情報を発信すると、スマホに通知が出てきますが、投稿しても相手にそれが表示されるとは限りません。

プッシュ型の代表は、メルマガで、最近ではLINE公式アカウントがそれにあたります（※独自のアプリを持った場合には、それもプッシュ型メディアといえるでしょう）。

LINE公式アカウントとは、LINEが行っているビジネス向けの情報発信サービスです。登録してくれた人（お客様やファン）に向けて、情報を一斉配信できるツールです（※居酒屋さんなどで、登録してくれたらドリンクサービスなどといわれたことはありませんか？）。最近では、メルマガが迷惑メールフォルダに分類されることが増えているので、LINE公式アカウントに乗り換える事業者が増えています。

情報を発信する側としては、できる限り「プッシュ型」メディアへの登録者を集めたいところです。タイムリーに情報を発信することができ、フロントエンドへの集客に有効なのがその理由です。

そのため、前述の居酒屋さんのように、登録してもらう代わりにプレゼントを用意して登録を促します。私たちはあまりコストをかけられませんから、特典動画や特典PDFなど、ほかに出していない「情報」を渡すといった工夫をしてみましょう。

プッシュ型メディアを使って、効果的に集客につなげるには、第ゼロ印象をよくしておく（十分な信用を得ておく）こと、そして、次の3つについて考えることが大切です。

- **発信の頻度**
- **発信の時間**
- **発信の時期**

頻度は多すぎず、少なすぎず、適切な回数を見つけていくことが必要です。一般的には、

最高1日1回、最低2週に1回というところでしょう。あまり頻繁に送ると、解除やブロックをされてしまいますし、送らなさすぎても忘れられてしまいます。

次に、発信の時間です。たとえば会社員対象であれば、通勤時間帯に送るなど、理想の顧客の生活パターンで、**最もスマホを見ていそうな時間を選んで配信**してみましょう。

最後は時期です。たとえば、会社員対象の高額商品があるとすれば、そのフロントエンドへの誘導は、**ボーナス時期の6月や11月下旬に行う**など、工夫してみましょう。

商品づくりも発信も、すべてはいかに「理想の顧客」を知っているかです。すべてはそこに集約されます。

1 ビジネスパートナーを獲得する

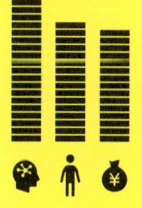

100点の「人」のチカラで考えたいのは、「ビジネスパートナーを得られるか」ということです。私も1人で仕事をしているように見えますが、実はチームで仕事をしています。先述のように、コアメンバーとはもう10年以上も一緒に仕事をしています。オンライン、オフラインで月に何度か顔を合わせると、孤独感も解消されます。私にとって、とてもありがたい存在であり、ミーティングなどはとてもよい時間になっています。

起業準備も独立も、基本的には1人でするものです。ずっと1人で悩んだり、迷ったりしていると、孤独から限界を感じてしまう人も少なくありません。そのような人の相談に乗ることも私の仕事のひとつですが、起業の準備を進めていくと、誰もが口を揃えて「同じ悩みを共有したい」といってきます。

そのお気持ちはよくわかります。ですが、ここで再度、念を押させてください。それでも、「友達同士で起業するのはリスク」です。「1人の寂しさか、2人の煩わしさか」ともいわれますが、仲間割れやすれ違いなどによって、怒りの感情が湧いてしまったときは、**孤独以上の苦しさ**があります。

そこで、お勧めなのは「一緒に起業」ではなく、**「自立した事業者同士のパートナーシップ」**です。役割や責任分担を明確にして、別の事業体ではあるけれど、共にひとつの事業を運営していくというやり方です。

このようなビジネスパートナーは、いわゆるクラウドソーシングサイトなどで見つけるアウトタスク先とは異なります。もっと距離感が近く、信頼関係があり、お互いに尊敬し合える同士という感覚です。私が一緒に仕事をしている7名のチームは、各自素晴らしい専門能力と知識を持つ、自立した事業者です。アウトソース先として仕事を請け負ってくれていますが、事業について一緒に考え、相談に乗ってくれる仲間でもあります。

このような仲間たちは、75点の「人」のチカラの「引き寄せ」でも触れたように、あなたのお客様や、ブログなどを読んでくれているファンの中にいるかもしれません。私の7名のパートナーも、過去や現在のお客様たちです。

素晴らしいビジネスパートナーとの出会いは、あなたのビジネスを拡大し、そしてなにより、あなた自身を大きく成長させてくれます。まず、あなたが自立してから、優秀なパートナーを見つけてください。

2 自分にないものを持つ人とコラボしよう

お互いに足りないものを補完し合い、一緒にビジネスをすることを「コラボレーション」といったり、「JV（ジョイントベンチャー）」といったりします。どちらでもかまいませんが、マーケティングで他社（他者）と提携・連携することは、ビジネスを加速する上で非常に効果的です。

たとえば、リストホルダー（買ってくれる顧客の情報を持っている人）が、コンテンツホルダー（売れる商品を持っている人）とコラボすると、素早く成果を出すことができますし、その逆も同じです。

起業したてのときは、集客力がないので、リストホルダーと組んで仕事をすることが多くなります。たとえば、スキルシェア系サイトを利用している人は、コンテンツホルダーとしてリストホルダーのサービスを利用していることになるわけです。

リストホルダー、コンテンツホルダーのほかにも、以下のような人がいます。

マーケッター（リサーチ、商品企画、ネット発信ができる人）
セラー（リアル営業ができる人）
ITエンジニア、デザイナー（PCに強い人）
事務屋さん（全体を見られる、細かいことができる人）
インベスター（お金、人脈を持っている人）

あなたにないものを持つ人と組む。これがコラボレーションの基本です。

3 去る者は追わない

ビジネスを始めると、たくさんの人と関わるようになってきます。お客様も、仲間も、取引先も、会社員時代とは比べ物にならないくらいに数が膨らんでいきます。そして、必ず、**あなたのもとから去っていく人**が現れます。自分が大切に思っていた人ほど、ダメージは大きいです。引き止めたくも追いかけたくもなります。それでも、去る者は追わないほうがいいと思います。

その理由はふたつあります。ひとつは、**「無駄な努力に終わる」**からです。大切な関係にあった人が、離れるという大きな決断を下したのです。恐らく、それは突発的な行動ではなく、前から考えていた可能性が高いでしょう。それを実行に移したタイミングが、いまだったということです。突然知ったのは自分だけ。相手の心は、その行動に向かって十分に準備してきたというわけです。

もうひとつの理由は、一度あなたのもとから「去る」と決めた人を説得して、たとえ残ってくれたとしても、**今後、その人を信用できるのか**という問題があるからです。安心して仕事を任せられるでしょうか。これは人間の器の問題かもしれませんが、なんらかのしこりが残ってしまう可能性のほうが大きいのが現実です。

去っていく人は追わない。もちろん、その前に、去られることがないように、日頃から相手に感謝し、言葉をかけ、自分自身を律していく必要があることはいうまでもありません。

しかし、それでも別れることになってしまったら、その人の決断を尊重して、笑顔で送り出してあげましょう。本当は、思い切り泣きたいですけどね！（経験済み）

100点の「人」のチカラで飛躍する

4 大切な家族、恋人、仲間を幸せにすることを忘れない

ビジネスが軌道に乗ってくると現れるのが**「慢心」**です。調子に乗って人に偉そうな態度を取る人、お世話になった人への感謝の気持ちを忘れてしまう人、仲間を裏切って踏み台にしようとする人も、決して少なくありません。

創業当時は確かに多忙になりますから、家族や恋人と一緒にいられる時間も減りがちです。「あんな人ではなかった。起業しておかしくなった」といわれないように、常に初心を忘れず、**「何のために起業したのか」**を意識しましょう。家族を大切にするため、大切な人を守るため、幸せな人生をつくるため——、そんな気持ちだったはずです。

向上心に溢れ、いつも上を見ている人は、時に、足元であなたを支えてくれている人の存在が見えなくなることがあります。仕事とプライベートの両方があってはじめて、あなたの人生はひとつの形になります。どちらも素晴らしく充実させてこそ、本物の起業家といえるでしょう。私自身も努力したいと思います。

5 「ケチ思考」が生むプライスレスの損失

ビジネスが大きくなるほど、ステージが上の人たちとの付き合いも増えていきます。そうなると、正直、お金もかかります。ですが、そこで「飲み代がもったいない」などの「ケチ思考」が勝ってしまえば、あなたの成功への道は半分閉ざされることになるでしょう。

「ビジネスが大きくなるほど、ステージが上の人たちとの付き合いも増えていきます」と書きましたが、本当は**「ステージが上の人との付き合いを増やすから、ビジネスが大きくなる」**のです。成功したければ、成功している人との縁を切らないこと。**その縁が、わずか月1万円程度で維持できるのなら、こんなに安い投資はない**ことをぜひ理解してください。

成功者や富裕層とのつながりは、あなたの人生に大きなプラスの影響を与えてくれます。その先にある、さらに広いコネクションも然《しか》り。自分の成長の先を行く人たちから得

られる学びは、とてつもなく重要です。

この**成長機会**を大切にしましょう。

ステージが上の人とのつながりは、簡単に生まれるものではありません。こういうと、「水商売やればすぐでしょ!?」なんていわれたこともありますが、それだって簡単なことではないでしょう。


わずかな投資と貴重なつながり。その価値がわかる起業家になってください。

1 自分の「見た目」に投資する

50点の「金」のチカラ（157ページ）で、「起業家は健康への投資も大切」という話をさせていただきました。自分と家族の健康と笑顔があっての毎日です。すべてはそこから始まるといっても過言ではありません。

その上で、**「内面から外面へ」**です。

第一印象のアップに取り組みましょう。すでにネット上で第ゼロ印象について触れてきましたが、今度は**「初対面」の際の印象**です。

女性に関してはほとんど心配していませんが、とくに30代後半〜50代男性で、見た目をまったく気にしなくなってしまう人がいます。イケメンかどうかは無関係です。会社に行くときはスーツを着ているので目立ちませんが、私服になると、人によって意識に差があることがよくわかります。

特別なことをする必要はありません。**清潔感のある服装**、**整えた髪型**、**姿勢**、そして**口臭**（※煙草《たばこ》を吸う人はとくに注意！）くらいを気にしておけば十分です。

本格的に改善したいなら、一度、プロにアドバイスを受けてもいいかもしれません。

衣装のレンタルサービスを利用すれば、費用も抑えられます。女性向けは、検索すると、たくさんの業者さんが出てきますが、男性向けのサービスも登場しています。

〈メンズファッションレンタルサービス〉

ｌｅｅａｐ　https://leeap.jp/

2 ハードウェアに投資する

次に、仕事をしやすい環境にするための、ハードウェアに対する投資についても考えてみましょう。

50点の「金」の2（156ページ）で「時間を効率よく使うための投資」について説明しました。外出先でも仕事ができるモバイルツールへの投資がメインでしたが、100点レベルでは、**情報発信の質を高めるためのツールへの投資**を検討してみましょう。

たとえば、**動画撮影用のビデオカメラ**。ＹｏｕＴｕｂｅで配信したり、動画セミナーとして販売したりできるので、ビジネスに欠かせないものになっています。もちろん、スマホでも撮影できますが、長時間撮影、手振れ補正、ズーム、オートフォーカスなどの機能面を考えると、やはり専用のビデオカメラでガンガン撮っていくほうがいいでしょう。

とくにセミナーを開催する人には、ビデオカメラと三脚は必須ともいえるツールです。録画したセミナーを見直してチェックしたり、動画を細かく切ってプッシュ型メディアへの登録時のプレゼントとして配布したりと、活用できる場面が多くなるでしょう。

ほかにも、打ち合わせが多い人なら**ICレコーダー**、イベントやセミナーを多く開催する人なら**プロジェクター**なども購入しておくといいでしょう。プロジェクターはレンタル会議室で貸し出していることもありますが、東京の相場では、1回およそ1万円ほどかかります。ケーブルがPCに合わないなどのトラブルも多いので、自前で用意しておきたいところです。

ちなみに、セミナー会場を選ぶ際、たとえ高額であっても、**常駐スタッフがいる**こと、**オプションでプロジェクターなどの貸し出しサービスがある**ことがポイントです。そういう会場を選んでおくと、いざというときに安心です。私も過去10年で2回ほど、セミナー中に持参したプロジェクターが故障してしまい、冷や汗をかいた経験があります。

また、余裕ができたら、メインのパソコンに加えて、**2台目のサブパソコン**も持っておきたいところです。これまた私の体験談で恐縮ですが、セミナー直前にWindowsのアップデートが始まって動かなくなってしまったり、セミナー中にパワポがフリーズしてしまったりしたことがよくありました。再起動を繰り返している数分がどれだけ長く感じたことか……。思い出すと、また冷や汗が出てきます。

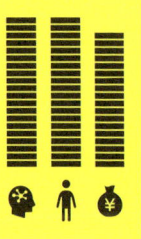

3 一流媒体に広告を出す

第5章の冒頭で、市場に対する信用力を上げるには、マスメディアに取り上げられることだと書きました。とはいえ、マスコミの目に留まることを意識して行動を積み重ねたとしても、必ず取り上げてもらえるわけではありません。そうであれば、**お金を払って広告を出すことも、ひとつの選択肢**です。取材されるのとは違って、信用力の獲得にはつながりませんが、たくさんの人に存在を知ってもらうことで、ビジネスが勢いづくことになります。

広告費用をかけるときに気をつけたいのは、SNSからの情報発信と同様に、「**理想の顧客が情報を得ている媒体に広告を出す**」ことです。たとえば、20代の若者にアプローチしたいときに、新聞広告を出しても効率はよくありません。世の中には、たくさんのプロモーションサービスがあります。検索すれば、たくさんの会社がヒットします。媒体選びをしっかりと行いましょう。

〈20代向けプロモーションサービスの例〉

EMERALD POST　https://emerald-post.com/company/

SPIRIT　https://www.spirit-japan.com/company_info/

「ちょっとコストが……」ということでしたら、SNSへの広告掲載を検討してみましょう。フェイスブック、インスタグラム、ツイッターなどの広告は比較的安価で利用できますし、広告ターゲットの属性を細かく指定できるので、チェックしてみるといいでしょう。細かい操作方法などは、検索して調べてみてください。

100点の「金」のチカラで成功する！

4 サービス品質向上のための投資

ビジネスを立ち上げたばかりのときは、お金がないため、さまざまなサービスを自分自身の手で提供することが多くなります。そのため、「必要最低限」の状態になっているものが、たくさんあるはずです。

たとえば、**予約システム**です。

無料ブログのお問い合わせフォームから連絡をもらったら、メールでやり取りをして決定する――、そんな仕組みで回している人もいるかもしれません。売上がある程度見込めるようになったら、多少の手数料を払ってでも、専門業者が構築したシステムに投資してみるのも悪くありません。

〈予約サービス〉

Ａｉｒリザーブ　https://airregi.jp/reserve/

STORES予約　https://stores.jp/reserve/

イベントを開催する人などは、**会場のアップグレード**も検討できるでしょう。フロントエンドであれば、より駅の近くで、きれいな会場にする。バックエンドなら、多少距離があっても、ゴージャスな会場にするなど、お客様のために考えられることがあると思います。

また、勉強会を主催している人は、たまには**有名ゲスト講師**を招いてみてはいかがでしょうか？　参加者のモチベーションが高まること、間違いありません。

5

会社を辞めても大丈夫なお金を確保する

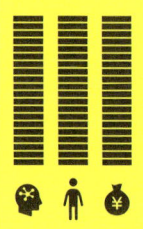

100点の「金」のチカラの最後は、独立に向けたお金の準備です。お金は万能ではありませんが、問題の8割はお金で解決できることも事実です。私たちは、この先の人生も、次のように、ずっとお金について考えていくことになります。

- **独立までに貯めておきたいお金について**
- **独立後の社会保険制度について**
- **ふたつの共済制度について**
- **青色申告、節税について**
- **法人成り（法人化）について**

それぞれ、専門家の先生が1冊の本を書けるような内容です。主に、法律や手続きに関することなので、ネット上にも信頼できる情報があります。会計ソフトの制作会社や税理士の先生が出している情報などを確認してみるといいでしょう。

〈参考サイト〉

ｆｒｅｅｅのバックオフィス基礎知識　https://www.freee.co.jp/kb/

ここでは簡単に、各項目について触れていきましょう。

まず、「独立までに貯めておきたいお金」ですが、働き手が自分1人の場合、最低でも、**家族の１年分の生活費**と**事業の半年分の運転資金**を用意しましょう。会社を辞めるときに、すでにお客様がいて、ある程度の収入が見込める状態にしておくことも大切です。そこまでいくのに何年もかかりそうな場合、現在勤めている会社の仕事を、社員としてではなく、事業者として請ける「業務委託契約」ができないかなど、可能性を探ってみましょう。

ちなみに、ローンを組みたい、引っ越しをしたい、クレジットカードをつくりたいなどの予定がある場合は、会社を辞める前に済ませておきましょう。

次に、社会保険についてです。会社を辞めて、個人事業主となった場合には、退職日から14日以内に、**国民年金、国民健康保険への切り替え**を行います（※20日以内の手続きで、2年間、在職中の健康保険の任意継続をすることができます）。

また、独立する業種によっては、国民健康保険組合に加入（組合加盟団体にも加入している必要あり）でき、保険料を抑えることができます。チェックしておきましょう。

一般業種国民健康保険組合へのリンク　http://www.kokuhokyo.or.jp/page8-etc.html

そして、ご想像の通り、国民年金にすることで、将来もらえる年金は少なくなります。国民年金基金やｉＤｅＣｏについてもチェックして、知識を得ておきましょう。

国民年金基金　https://www.npfa.or.jp/
ｉＤｅＣｏ　https://www.ideco-koushiki.jp/

次に知っておきたいのは、ふたつの共済制度**「小規模企業共済」**と**「経営セーフティ共済（中小企業倒産防止共済）」**です。「小規模企業共済」は、小規模事業者の退職金のようなもので、「経営セーフティ共済」は、取引先の倒産に備えるものです。

小規模企業共済の掛け金は、全額所得控除され、経営セーフティ共済の掛け金は、個人事業の必要経費に計上できるため、先に備えながら節税できる仕組みとして、多くの事業者が加入しています。

小規模企業共済　https://www.smrj.go.jp/kyosai/skyosai/
経営セーフティ共済　https://www.smrj.go.jp/kyosai/tkyosai/index.html

青色申告、節税、法人化については、各専門家がたくさんの実務書を出版し、ネット上の情報も溢れているので、ここでは割愛します。

ひとつだけ知ってもらいたいのは、**個人事業税は、開業届を出す際に書く業種によって税率が変わってくる**ことです。多くの業種は5％ですが、3％、4％の業種や、指定業種以外（芸術系など）は非課税になります（※もちろん、虚偽申請は絶対にダメです。各県税事務所に確認しましょう）。

東京都主税局　個人事業税・法定業種と税率
http://www.tax.metro.tokyo.jp/kazei/kojin_ji.html#gaiyo_04

おわりに　あなただけの「冒険の旅」に出かけよう！

いかがでしたか？　ネット上には「縦」に深掘りされた専門記事がバラバラに存在していますが、本書では、各ステージを、「知」「人」「金」という切り口でまとめて紹介してきました。これが「横」の軸になります。

このような形にしたのは、起業準備の実際の現場では、私たちが「定食」を食べるときにいろいろなおかずを少しずつ食べるように、たくさんのことを少しずつ、何度も行ったり来たりしながら、ゴールに向かって進めていくものだからです。もし、わかりづらいと感じたら、1品ずつ完食していきましょう。「知」だけ25点から100点までを見ていくなど、「縦」にも読んでみてください。

会社員をやりながらの起業準備は、時間との戦いです。疲れてしまうこともあるでしょう。気分が乗らない日もあると思います。そんなときは、ゆっくり休んでもかまいません。

それでも夢があるなら、また進んでいけるはずです。一歩前に出て、時にうしろに下がりながら、それでもまた前に出る。その繰り返しの先に、素晴らしい何かが待っていることが、いまのあなたにならおわかりいただけるのではないでしょうか？

「あれが落ち着いたら」「時期を見て」「そのうち」、そんなことをいっているうちに、時間はあっという間に過ぎていきます。1００人いれば1００通りある〝あなただけの未来〟の可能性の扉を開く最高のタイミングは、いつも「いま」だと思うのです。

本書をきっかけにして、ぜひ、いま、あなたの「冒険の旅」をスタートさせてください。あなたの小さな成功も失敗も、挫折も喜びも、すべてがワクワクの冒険です。時に笑って、時に涙しながら、どうか、これまで味わったことのないような「強烈な体験」を全身で味わってみてください。結果がどうであれ、「やってみてよかった！」と、心からいえるときがくるはずです。達成感に満ちた、あなたの幸せな笑顔を見られる日を、私も楽しみにしています。

本書で紹介してきた情報は、全体のごく一部にすぎません。日々アップデートされる細かいノウハウなど、まだまだお伝えしたいことはたくさんあります。私のメールマガジンでもその一部を知ることができますので、ぜひご覧ください。

起業のプロ・新井一の「会社員のまま好きなことで起業する」通信

https://www.mag2.com/m/0001684654.html

起業ネタ診断（無料）

https://kigyo18.net/shindan#/

最後になりましたが、本書の執筆の機会をいただいたダイヤモンド社の田口昌輝さんと、一緒に本をつくってくださった宇治川裕さん、そして、本書を手に取ってくださったすべての皆さまに、心からの感謝と御礼を申し上げます。

令和元年7月

新井 一

［著者］
新井 一（あらい・はじめ）
1万人の起業をプロデュースした「起業のプロ」。1973年生まれ。会社員のまま始める起業準備塾「起業18フォーラム」主宰のほか、インターネットからの集客術に特化した起業家向けマーケティング支援などを行う。社会とのかかわり方に問題を抱え、高校・大学と海外のスクールに単身就学。帰国後、日本の企業に就職するも、人嫌いを克服できず、さまざまな失敗を繰り返す。社会になじめず、会社になじめず、自分の居場所を探して、15年間、会社員をしながら事業を続け、独立後は「起業のプロ」として起業家を育てる。
特徴は「人生を変えたい」と願う会社員はもちろん、自立を目指す主婦からニート、フリーター、落ちこぼれまで、起業とは程遠いと思われがちな人材を一発逆転させてきたこと。「一緒に考える起業支援キャリアカウンセラー」として高い評価を受けている。
主な著書に『朝晩30分好きなことで起業する』『会社を辞めずに「あと5万円！」稼ぐ』（共に大和書房）、『会社を辞めずに朝晩30分からはじめる起業』（明日香出版社）がある。

起業18フォーラム公式サイト　https://kigyo18.net/

会社で働きながら6カ月で起業する
――1万人を教えてわかった成功の黄金ルール

2019年7月24日　第1刷発行
2022年6月10日　第7刷発行

著　者――新井 一
発行所――ダイヤモンド社
〒150-8409　東京都渋谷区神宮前6-12-17
https://www.diamond.co.jp/
電話／03･5778･7233（編集）　03･5778･7240（販売）

ブックデザイン―二ノ宮匡（ニクスインク）
DTP ―――荒川典久
製作進行――ダイヤモンド・グラフィック社
印刷／製本―三松堂
編集担当――田口昌輝

ISBN 978-4-478-10731-7